ひとりぼっちの辞典

勢古浩爾

清流出版

まえがき――「ひとりぼっち」という言葉がさびしすぎる

だいたい、「ひとりぼっち」という言葉がよくない。よくないといってもどうにもならないが、「ひとり」でさえ、人間のあり方として世間の目が厳しいのに、そこに追い打ちをかけるように「ぼっち」である。なんだ「ぼっち」って？　さびしすぎるではないか。いかにも寒風吹きすさぶなかに自分ひとりという感じで、救いがない。こんな言葉、おれはひとりぼっちだな、と自嘲するときか、あいつはかわいそうだよな、ひとりぼっちで、と、同情するフリをしながら、人を軽侮するときぐらいしか使い途がないのである。

「犬が西向きゃ」といえば「尾は東」とくるように、「ひとり」といえばかならず「さびしいでしょ」とくる。もうセットになっているのだ。「いや全然」とでも応えようものなら、「またまた、無理しちゃって」といいやがる。ひとり者にはなにがなんでも、さびしがってもらわないと困る、といいたそうなのだ。そうでなければ、こっちの優位性が保てないではないか、とでもいうように。おまけにあちらは多勢なものだから、自信満々なのだ。

井森美幸や森口博子ら独身女性タレントを、周囲の芸人たちが「さびしいねぇ」といじる。井森らもそれを売りにしているところがあるが、実際はうれしいはずがない。日本テレビの「秘密のケンミンSHOW」の司会の久本雅美も、本音を隠して「独身」を自虐的な笑いにかえる。馴れあいである。「さびしいでしょ」は、独身の中年男にいわれることもあるが、多くは独身女性に使われる(男には「不便でしょ」という者もいる。ばかものめが)。だがそれは視聴者に、中高年独身女性は「さびしい」という印象を植え付けることにしかならない。その馴れあいをわかっているにしても、である。

芸人の世界ではしかたがない。それ以外では、ほっといてやれよ、と思う。さびしいからといって、それがどうした? というと、あ、開き直っちゃったよ、ときて、面倒くさいことこのうえない。「ひとり旅」はもちろん、「ひとり焼き肉」や「ひとりカラオケ」（そこまでして歌いたいか、とは思うが）が認知されてきたのはいいことである。商売がらみとはいえ、「おひとりさま」が普及してきたことも悪いことではない。女ひとりで牛丼、というのも頼もしい（スマホなんか見てグダグダせずに、パパッとかきこんでサザッと出ていけよ、とは思うが）。

しかしまだまだこの社会には、「ひとり」にたいする好奇と軽侮の視線が少なくない。世間もいつまでも、ばかのひとつ覚えのように「さびしいでしょ」ばかりいうんじゃない、アホが。――と思うが、世間の口に戸は立てられないから、いっていいよ（ひとりぼっちはあなた方の敵でもなんでもないのに。自分自身のことなのに）。それよりだめなのは、世間の目に負けて、自分で自分を「ぼっちだ」とか「さびしい」とか「みじめだ」と追い込むことである。そんな風に思っても、いいことはなにもない。有害なだけである。自分までが自分の敵になってどうするのだ。

外（世間）ばかりを見ずに、自分の内を見ること。自分の愉しみを見つけ、これが自分だと輪郭を明確にし、これでいいと自得すること、つまりつねに〈自分に戻っていること〉である。そして威風堂々とまではいわないが、ごくふつうの顔をして自由に「ひとり」を生きていけばいいのである。「ひとり」は人間の基本なんだから。「人」

という字は、人と人が支えあっている形なんだよね、なんか、どうでもいいのだ。見方を変えれば、ただベタベタともたれあっている形にすぎないのだから。

本書は各章題に「あ行の愛情」とか「か行の覚悟」などとつけているが、これはその章全体が「愛情」や「覚悟」のテーマで統一されている、ということを意味しているわけではない。各行のさまざまな言葉のなかから、象徴的（もっとも印象的）と思われる一語を便宜的に抽出しているだけで、さほどの意味はない。文章の長短とも関係はない。また、各項目の並び方はアイウエオ順ではない。短文と長文のバランスをとって、順不同である。

ひとりぼっちの辞典

もくじ

「さ」行の世間　62

「た」行の愉しみ　84

あ か さ た な は ま や ら わ

「な」行のなるようになる

「は」行のひとりぼっち

装丁・組版……松永大輔

「あ」行の愛情

【あ】

青空　①一面に澄みわたるやさしい青を見上げると、生きていることはいいことだな、となにやら希望がわいてくる空。地中海の青は濃紺。②いい記憶と懐かしい人々が思い出される空。

　わたしが広島基町高校の一年か二年だった頃、授業中に天啓のように「世界一周自転車旅行をしよう」という考えが閃いた。その瞬間、心のなかいっぱいに自由という

「青空」が広がったことを覚えている。当然、ひとり旅。その「青空」はその後いささかも翳ることなく、二十一歳の早春、世界一周自転車旅行はヨーロッパ・ヒッチハイクの旅へと縮小しはしたが、リュックを背負ったわたしは、横浜港からソ連のナホトカに向けて旅立った。

オルジョニキーゼ号。船内には多くの日本人客がいた。音楽バンドの集団、二人組や三人組。みんな興奮気味にはしゃいでいた。ひとりは、たぶんわたしだけだったが、モスクワまでかれらとはよく話した。しかしそれでも、ひとり。懐には一二万円分のトラベラーズ・チェックと父親が餞別《せんべつ》にくれた二万円だけ。大学は一年間の休学。帰りの切符を持たない完全な片道切符だ。帰りの旅費はスウェーデンで皿洗いのアルバイトをして稼ぎ出す。前途に微塵の不安もなかった。

哀愁　①人生の悲しみに耐えている「ひとり」の男（「ひとり」の女）の現実の姿に、滲みでる悲しみの幻像が二重に映る。②薄暮。叶わぬ恋。人間は悲しい、と思う瞬間。ヨーロッパの石造りの街に降る雨。困ったような笑み。寡黙。薄暗い電球。深く刻まれた顔のシワ。農家の縁側に無言のまま座る老人。③多少のセンチメンタリズムとナルシシズムが混じる。参考曲。ゲイリー・ムーア「スティル・ゴット・ザ・ブルース」、ガトー・バルビエリ「アントニコ」、カルロス・サンタナ「哀愁のヨーロッパ」。

危ない　①日本の母親（ときに父親も）が子どもにもっとも頻繁に発する言葉のひとつ。②「転ばぬ先の杖」ということなのだろうが、ひとりで生きていくためには「転ぶ」ことも必要。もちろん、程度問題だが。

日本の子どもはなんにつけ、母親から「危ないよ」といわれて育つ。その母親もそういわれて育った。わたしが自転車で小さな子どものそばを通りかかると、母親がすかさず子どもに「危ないよ！　ほら、自転車！」と叫ぶ（それは同時にわたしに対しても、「うちのお子様に気をつけなよ」と警告を発しているのだが）。子どもが母親のそばから離れていこうとでもしようものなら、「そっち行くんじゃない、危ないよ！」。

その子どもが若者になると「おー、危ねえ」「危なかったー」という。振り込め詐欺の電話がかかってくると、老母はすわ一大事、わたしの子どもが危ない、と思うのだろうか。なんでもかんでも「危ないよ」じゃなくて、「気をつけなさい」のほうがいいのではないか。が、わたしもまた、たかが躓つまずいたくらいで、「おお、危ない」といってしまう。業腹なことである。

このことはもしかしたら、日本人がなかなか親離れ、子離れができず、それが日本人のチャレンジ精神の希薄さや、事なかれ主義や、寄らば大樹の安定志向に関係しているのではないか、と思うのだが、ただの思い付きにすぎない。それはそれとして、企業の採用において、親の確認（「オヤカク」）が必要というのはかなり異常である。親の視線がうっとうしいと一人暮らしはできても、今度は世間の視線ばかりを気にしている。友人の視線からは逃れられない。なにがほんとうに「危ない」のかの判断が自分ではできない。

愛情　①人を自分の半身のように思う心情。②人間から、エゴを引き、自由を引き、権利を引き、お金を引いたあとに、それでも残る慈しみの感情。それを体現できる人は、一番に母、二番に父。だが、いまはママとパパばかり。③だれもがその大切さを口にするが、もっともないがしろにされることあり。

十何年間も三食ご飯を作ってくれた。ときに煩わしく感じられた小言も、いまとなっては、いつも自分のことを気にかけてくれていたのだな、とわかる。世界は「世界一の母親」で満ちている。わたしの母は世界一です、といえる者は、たとえ「ひとり」になってもひとりではない。わけのわからぬパワーストーンやお守りなどいらない。母親の写真一枚を持てばいい。

アンチエイジング ①一般中高年女性に、歳をとることは防げないが、容貌の衰えは防げますよ、健康や体型は維持できるよ、と吹き込んで、金儲けをしようと企む美容業界（医療、健康、出版）と、それにまんまと乗せられて、「わたしもそうなりたいわ」と悪あがきをして、結果なんの効果もなく、ただ金を巻き上げられるだけの一部の中高年女性たちが合体した現代ならではの不老幻想ムーブメント。②一般中高年の男たちにも「ちょいワルおやじ」や「大人の男」を気取って、まだオレは女にモテると勘違いしている愚か者あり。

小泉今日子（51）が上野千鶴子（68）との雑誌対談（『GLOW』）で、「アンチエイジングって言葉が、大嫌い」と発言し、四十代以上の女の人のあいだでちょっとした共感の声があがったそうである。元々は、上野が「アンチエイジングって言葉が、大嫌いなんです」といったらしいのだが、そんな上野なんかは当然ほったらかしで、小泉の発言だけが注目を集めた。まあ無理もない。

上野千鶴子の発言に対して、小泉今日子はこのように同意した。「私もです。ずっとアイドルの仕事をしてきて、30代の半ばくらいから『かわいい』って言われる中に、『若い!』という声が入ってくるようになって。これ違くない? 喜んじゃいけないんじゃない? って」(わたしはその対談を読んでいない。雑誌がすでに品切れだった。この情報はネットから。初出は『毎日新聞』[二〇一六・九・二十六]夕刊のようである)。

この小泉の発言にネットでは「『かっこいい! そもそも劣化や賞味期限なんていう言葉を使うこと自体がバカげてる』『年相応が理想』などの書き込みがあった」という。よくぞいってくれました、ということだろう。『GLOW』の女性編集長は「おそらく皆さんどこか根底で思っていたことが、お二人の発言によって市民権を得られた気持ちになったのではないでしょうか」と語った。

上野千鶴子と小泉今日子は「美魔女」現象への批判でも一致したらしい。たしかに

「美魔女」という言葉はくだらないが、何歳になっても美しいことはいいことではないか、とわたしは思う。小泉は「これは抵抗しなきゃと。私は『中年の星』でいいんじゃないかと思ってます」といったようだが、これは小泉が自分を「中年の星」といっているわけではない。美しい中年女性がいたら「美魔女」というばか言葉より「中年の星」と呼べばいいのではないか、ということなのだろう。

まあそれもどうかと思う。しかし、中年女性を揶揄する社会の悪ノリした風潮に納得できない当の女性たちが、強力な著名人たちの援軍に喝采をする気持ちは、わからないではない。それだけ過激で多数の敵の声は強いからだ（小池百合子に「大年増の厚化粧」と受け狙いのくだらん嫌味をいった石原慎太郎みたいな男がいまだにいる）。ただ、そんな援軍がなくても、人は自分ひとりで立ちつづけなければならない。自分の状況はあくまでも、自分「ひとり」の状況なのだから。個別撃破すれば、たいした敵ではない。覚悟があれば、撃破するまでもない。

謝る　①謝ることができる人は成長する。人間の幅もでる。謝ることができない人間、「謝れ」という人間は成長できない。信頼もできない。②謝る人間は強い。謝ることができない人間は弱い。

【い】

生きがい　①生きていくうえで、心の張りを支えつづけるもの、のことではあろうが、むろん、あるならあったほうがいい。②なければないで、大丈夫。だって、ないんだから。「生きがい」という言葉に引きずられすぎないこと。③今日一日の楽しみ、一カ月先、半年先の楽しみを見つければいい。

卑しさ　①人の失策や瑕瑾《かきん》、あるいは購入物の不具合を大げさに騒ぎ立て、自分の不注意によるものも相手のせいにして、「泣き寝入り」をしてたまるかと、相手の弱みにつけこんで、金品をふんだくろうとするさもしい魂胆。そういう人間には罰《ばち》があたってほしい。②身内の命も対価に換算される。③むろん、正当な損害賠償請求はそのかぎりではない。

一生　①なにをしたかではなく、どう生きたか（生きようとしたか）で、自らが評価する誕生から死までの時間。②自力でよりよく生きようとすることができるだけで、そのあとのことは、なるようにしかならず、あるようにあるほかないもの。③生きられるところまで生きれば、それが一生。有名な用例。徳川家康遺訓「人の一生は重荷を負うて遠き道を行くがごとし。急ぐべからず」。

有名、無名など問わない。成功したかどうか、勝ったか負けたか、など無意味。人の評価は「棺《かん》を蓋《おお》いて事定まる」といわれるが、これもどうでもよい。蓋を閉められたあとで、なんといわれようと、うれしくも悲しくもない。あくまでも自得するもの。世間と比較せず、過去を振り返りすぎず、未来を見すぎないこと。

だれと生きるか、は大事であろう。だれとどのように生きるか、も大切である。しかし、なんらかの事情で、ひとりで生きるしかなければ、ひとりで生きるしかない。だって、ひとりなんだから。みんなと一緒に生きていても、心のなかはひとり、ということもある。さびしいじゃないか、といってもはじまらない。さびしい人生だな、といわれることも余計なことである。

隠遁　①言葉の響きになんとなく憧れはするものの、文明の利便さを知った者にとっては、実際にやってみればとても耐えられそうにない独居の生活様式。②「隠」というからには、多くは山のなかということになるのだろうが、やぶ蚊や虫やイモリや蜘蛛や百足《むかで》や蛇が嫌である。

わたしはほとんど都心に出ない。夜も出歩くことがなくなった。人に会うこともほとんどない。一年三六五日のほとんどを、住んでいる町のなかだけですごす。それも動くルートは、家↕図書館、家↕喫茶店、家↕ショッピングモールなどの数本に限定されている。家族はあるが、大半の時間はひとり。半隠遁みたいなものである。

【う】

美しさ　①人間的魅力のなかでもっとも価値あるもののひとつ。②容姿は生まれつきでどうしようもないが、心構えやしぐさや人との接し方や生き方の「美しさ」は努力次

第。③音楽や絵画の美しさは自分の心の反映。自然の美しさは別格。

嘘　①自分の身を守るためだけの稚拙な口先芸。こんな芸に習熟してもしかたがない。②人は一対一の嘘には厳しく、正直をほめる。しかし世間は、意外なことに嘘に甘く、案外、正直につらくあたる。③嘘をつくな、にかぎらず、ほとんどの徳目は自分を律するためにある。他人に強いるものではない。

「孤独」の項で後述するが、アメリカの詩人・作家であるメイ・サートンは七十歳のときにこう書いている。ほんとかね、と思う。「人がほんとうに老いるのは、先のことより過去のことばかり振り返るようになったときかもしれない。今の私は、これからのことが楽しみだし、いったいどんな驚きが待ちうけているかと思うとワクワクしてくる」（『70歳の日記』みすず書房）。

これが嘘というのではない。多少、嘘くささや強がりが感じられはするが、老いも、人さまざまだということである。わたしは老いることにまったく「ワクワク」などしない。「老後は愉しい」とか「老後の豊かさ」とか「老いてこそ人生」という人もいる。

「がんになって幸せ」という人までいる。人がどういうかはその人の勝手だから、しかたがない。わたしは老いが楽しくも悲しくもない。

ウォークマン　①音楽を携帯することによって、自分ひとりの自由で快適な空間をつくってくれ、懐かしき時間へと遡行させてくれる魔法の小箱。②いま、イヤホンから聞こえている曲は渡哲也の「陽のあたる坂道」。このあとに根津甚八の「FAR AWAY」がつづく。

わたしにとっては、タバコと本とウォークマンが三種の神器。そこにアイスコーヒーがあれば、「ひとり」でいるときの文句なしの時空が完成する。わたしが持っているのはソニーのカセット・ウォークマン。まだ十分機能している。死ぬまでもってくれるとありがたい。しかし難点は、聴きすぎるとテープが伸びて、音がひょろひょろしだすこと。

浮気　①世間にはもう掃いて捨てるほどあり、だれもが気軽にやっており、おもしろおかしく語り、男の甲斐性だとほざくばか者もおり、露見するとどいつもこいつもが「不徳の致すところ」と空語《くうげん》でお茶を濁し、妻はどうせ許してくれるはずだと高を括り、自業自得なのに別れたくないと泣き言を並べ、許してくれるのが「大人」の対応ではないかと開き直り、なにが「さすが」なのかわからないが、世間は許した妻を「さすが」とほめ、それで性懲りもなく繰り返すのだが、実体は、ツラの皮の厚いただの人でなしの行為。②本気なら、どうなってもしようがない。なるようにしかならない。

【え】

映画（DVD） ①鑑賞者にはなんの努力もいらず、ただ観てりゃ、映像が勝手に動いてくれる怠惰な娯楽（音楽もおなじ。クラシック音楽は除く）。この楽なところがいい。②映画館の大画面や音響は捨てがたいが、窮屈な空間。③深夜にDVDでひとりで観るもの。五本借りて、一本良作があればめっけ物である。

SNS ①まったくお呼びでなく、これっぽっちも興味がないもの。②そんな時代遅れの人間にとっては、ブログもフェイスブックもツイッターもインスタグラムもラインもいっしょくたである。③自分様時代の象徴。

中川淳一郎の『ウェブを炎上させるイタい人たち――面妖なネット原理主義者の「いなし方」』（宝島社新書）がおもしろい。中川の主張を簡潔に取り出してみる。

――「ネットの世界で最強なのは『失うものがないバカと暇人』なのだ」

――「結局ネット上の炎上の多くは、『自分の頭を良く見せたいかまってちゃんのお遊戯発表会の場』か『暇人のバカ騒ぎ』なのである」

――「インターネットにハマり、そこに使う時間をいくら増やそうが人生は豊かにならない」

――「ネットというものは、『本来接するべきではなかった人同士のムダな接点を増やす装置』なのである。まずはムダにファーストコンタクトを取った後に、疲れ果ててしまうコミュニケーションを自ら進んで行う。／そんな思いをするのなら、ネットなんて見なけりゃいいし、ましてやブログやSNSなどやる必要はない」

いや、いいねえ。拍手。ネットに関する言説は、中川淳一郎の以上のコメントで、わたしには十分である。かれは別の本でこうもいっている。「あくまでも情報収集や情報伝達の効率的な道具として、インターネットはすばらしい。ただそれだけだ」『「ネットよりも電話のほうがすごい／ネットよりも新幹線のほうがすごい」「ネットはもう進化しないし、ネットはあなたの人生を変えない」』(『ウェブはバカと暇人のもの——現場からのネット敗北宣言』光文社新書)。

もっとも、中川淳一郎の本を読まなかったとしても、わたしの姿勢は変わらない。SNSなど、わたしの生活に一〇〇パーセント無用だからである。なんの不便もない。

携帯電話もおなじだ。ただただ邪魔なだけである。携帯電話は、あってあたりまえのことを、あってはならないことにしてしまった。人と会う約束をして、なにかの事情でもし会えなかったら、そのまま帰ればいいのである。店員が跪《ひざまず》いて注文をとる居酒屋が出現したものだから、のぼせあがった客が、別の店で立ったまま注文をとる店員がいると、なんだ生意気な、と思うようになるのとおなじである。なくて当然だったものが、なければならないようになったのである。

絵　①自分の心象を芸術家が具象にして見せてくれるもの。あるいは、芸術家がこちらの心象を引っ張り出してくれるもの。②したがって、わたしの好みは具象（写実）画にかぎる。ゆえに絵画だけでなく、現代アート全般が苦手。③展覧会に行き、あまりにも点数が多すぎると、どんなものでも途中で飽きてくる。

わたしが絵を見るようになったのは、兄の影響である。小学生の頃から絵を描くのは好きだったが、二十歳くらいまではほとんど漫画しか読まなかった。兄から東西の画家の名前を教わった。それから、ときどき美術館に行くようになった。とはいえ、いまではＮＨＫの「日曜美術館」とテレビ東京の「美の巨人たち」で十分である。絵を見るといっても、せいぜいその程度で、たいしたものではない。

若い頃（ほぼ五〇年前）、ルーブル美術館に行った。回廊の先に「ミロのビーナス」が立っていたので、それを見ただけで出てきた。もうその膨大さにうんざりし、「モナリザ」を探すのもめんどうだったのだ。おなじとき、懲りずに大英博物館に行った。入口の階段を上がったところでこれまた展示物の物量に圧倒され、売店で古代ギリシアの青銅風のペンダント一個を買っただけで退散した。ミラノで見た「最後の晩餐」

はこの作品一点だけだったのでよかった。館内はがらがらだった。フィレンツェのアカデミア美術館で見た「ダビデ像」もよかった。入口近くにミケランジェロの「ピエタ」もあったと記憶するが、調べてみると、現在はバチカンのサン・ピエトロ大聖堂にあるという。移動したのか。それともわたしが見たのは別物だったのか。

展覧会に行くと、かならず一人か二人、腕組みをして長時間作品の前に佇み、おれはおまえたち有象無象の素人とはちがって、作品の深みがわかるのだ、という顔つきをしているおっさんがいるものだ。それはいいけど、ちょっと邪魔。わたしは絵が好きだと自分で錯覚しているただの俗物ではないか、と思うことがある。

【お】

音楽　①「怒」以外の「喜」「哀」「楽」の感情に包まれて、心身が感応することの快感。②ひとりで生きるものにとっては、ひとりで聴くもの。昔はマイルス・デイヴィスやソニー・ロリンズなどのコンサートに行ったものだが、もうこの歳になるとライブはご免。立ち上がって手を叩き腰を振るおやじなんかが出てくると、目障りである。

ジョン・スタインベックの小説『エデンの東』（『エデンの東3』ハヤカワepi文庫）のなかの登場人物であるサミュエル・ハミルトンが、トラスク家の使用人の中国人リーにしみじみと語る（このリーの人柄と言葉もなかなかいいのだが）。

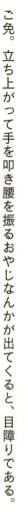

「なあ、リー、わしは人生を一種の音楽だと思っている。必ずしもいい音ばかりではないが、それでも様式と旋律がある。わしの人生は、もう長いことフルオーケストラではなかった。フルオーケストラどころか、音符一個だ。不断の悲しみという音符……それだけだ。こういう人生態度はわしだけではないぞ、リー。人生が敗北で終わると感じている者は多い。たぶん、多すぎる」

ちょっと方向がずれて、音楽が人生になってしまった。まあこれはこれでいい。多くの人は好むと好まざるとにかかわらず、やがて「音符一個」になる。しかもそれは「不断の悲しみという音符」だ。なるほど、「音符一個」でメロディはつくれない。しかし、それでもひとつの確かな音を出すことはできる。それに「音符一個」の人間でも、好きな音楽を聴くことによって心地いい時間に入り込める。まっとうに生きてきた人生に「敗北」の人生など、ない。

わたしが聴くのは主として六十年代、七十年代のポピュラー音楽である。レイ・チャールズ、ジョニー・ソマーズ、パット・ブーン、プレスリー、ニニ・ロッソ、シルヴィ・バルタン、ビーチボーイズ……。それ以外の曲も曲によっては聴くが、わたしの耳はほとんど六十年代、七十年代にピンで止められている。歌手で音楽は聴かない。曲で聴く（歌手で聴いたのは中島みゆきくらい）。映画もおなじ。俳優で観ない。物語で観る。

思い出　①思い出とはいい記憶のことである（嫌な記憶は思い出ではない）。そのなかに「しあわせ」があった。②嫌な記憶が蘇りそうになったら、すぐ記憶スイッチを切るか、切り換えること。不快になるだけで、いいことはなにもない。③思い出はつくるものでなく、つくられるもの。

親子　①多くの人にとって、母親ほど偉大な存在はこの世にはいない。②人はじいさんばあさんになっても、死ぬまで父と母の子である。③「親の心子知らず」は真実である。「子の心親知らず」も真実だが、それ以上に真実である。

わたしは以前、『父と母の子』というタイトルの本を出したかった。ある出版社に提案したのだが、まあ茫洋としていて魅力がなかったのだろう、退《しりぞ》けられて、ヘンテコリンなタイトルで出た。末盛千枝子の『「私」を受け容れて生きる——父と母の娘』（新潮社）という本のサブタイトルに共感し、一読して感銘を受けた。末盛にとっても「父と母の娘」というのは実感だったのだろう。この「父」と「母」と「娘」は一般名詞だが、末盛の心のなかではいうまでもなく、固有名詞のはずである。

男と女　①男女共に、愛する人間はひとりいればよい。②こんな自分を好きになってくれる人がいるということは奇跡的である。③生涯にひとり、にこしたことはないが、むろんそのかぎりではない。そのつど、ひとりということである。何股もかけて自慢する者がいるが、やらせておけばいい。参考例。ジャズ・サックスプレーヤーの宮本大は、武者修行のためドイツへ行く。孤立無援のなか、自分のことを気にかけてくれるドイツ人の若者と知り合い、つぶやく。「千人力だ……」（石塚真一『BLUE

GIANT SUPREME』（1）小学館）。ひとりでもほんとうに自分を好きになってくれる人がいれば「千人力」である。

エマニュエル・トッドがこんなことを書いている（「トッド氏に聞く　日本の社会保障」『毎日新聞』二〇一六・十二・七）。「日本では、男女の間のコミュニケーションがない。社会環境の中では男は支配階級、だけど男は自宅に帰ってくると子どもだ。日本人の男性は仕事に生きがいを持っている。それがフランス人には分からない（笑い）」。男の意識を変えるには、「男性だけが変わってもダメ。女と男の関係を変えないといけません」。

すでにだれもがわかっていることだ。男女共に自我を抑えて、互いを尊重すればいいだけのことである。そんなにむつかしいこととも思えないのだが、それができない。関係よりも、自我の満足を最優先する自分一番になっているからである。

温泉　①温泉が嫌いという人をこれまで見たことがないが、ここにひとりいる。嫌いというわけではないが、面倒くさくてまったく魅かれない。②おなじようなものに

「鍋」や「バーベキュー」がある。

昔、好きではなかったが、社員旅行には十回以上行った。すると、旅館に着いたとたん、早速大浴場に行き一回、宴会後に一回、寝る前に一回、翌日朝食前に一回、なんてやつがいて、もう親の仇みたいに風呂に入っているのである。びっくりしたわ。そんなやつは朝っぱらから、やけにツルンとした血色のいい顔をして、声もほがらかで、丹前なんか着てお膳の前に端座し、海苔やら納豆やら鮭などを食べる気満々、ご機嫌なのだ。温泉卵なんて気味の悪いものも平気で食べるのだ。

わたしは温泉に一回も入らなかった。元々、わたしは風呂が好きではないのだ（とはいえ、家ではほぼ毎日入っているが、それも烏《からす》の行水である）。女の人で一時間も風呂に入るという人がいるらしいが、信じられない。それになんで日本のおっさんは、お湯さえ出れば、河原であろうと、海岸であろうと、秘境であろうと、どこにでも入りたがるのかね。

わたしはサッカー選手の長谷部誠（現アイントラハト・フランクフルト所属）が好きだが、といかれは若い身空で温泉好きを表明している。一泊二日の「ひとり温泉」が好き、というのだ。「ひとりでいる時間はとても大切な時間だ」（これはわかる）「旅はドライブから始まる。大好きなミスターチルドレンの音楽を流して車を走らせていく。宿に着き、部屋に案内してもらったら、女将さんとの会話を楽しむ」（ふふ。世慣れたおっさんか）「露天風呂に浸かり、身体の疲れを癒し、風景を楽しむ」「あとは宿のまわりをぶらぶらと散歩したり、部屋でゆっくり読書したり、日常から離れた世界で贅沢に時間を使っていく」（むむ、悪くはないぞ）。

「ひとり温泉」は一生続けたい趣味のひとつなので、たとえ結婚したとしても、定期的に行くつもりだ。もちろん家族で行くときもあるだろうけど、「ひとり温泉」を許してくれる女性じゃないと僕は結婚したくない。「本当にひとりなの？」と問いただすような奥さんでは厳しいかも……。

孤独な時間は僕の人生にとってもはや欠かせないもの。ドイツでプレーしていると帰国する日数が限られていて「ひとり温泉」にはなかなか行けないけれど、時間がとれれば、また行こうと思う。

温泉で僕を見かけても、「寂しい人だなぁ」と思わないでほしい。身体と心をメンテナンス中なのだから。

（『心を整える。——勝利をたぐり寄せるための56の習慣』幻冬舎文庫）

「ひとり温泉」というのが好ましい。長谷部は「孤独な時間」を楽しむことができる体質だと思われる。かれは昨年（二〇一六年）結婚したが、「ひとり温泉」は許されているのだろうか。「寂しい人だなぁ」と思わないように、というのはわたしも同感だが、まあ思われるだろうな、と思っていたほうがいい。ただ、思うのは人の勝手だからしかたがないが、近寄ってくるんじゃないよ。

男女を問わず、温泉嫌いの人を見たことがない。鍋嫌い、バーベキュー嫌いの人も見たことがない。わたしがおかしいのか。「冬はやっぱり鍋だな」って、そんなことあるか。わたしにとって好きな料理のしかたの一番は「揚げ」、二番は「焼き」、三番は「生《なま》」（モノによる）、四番は「蒸し」で、「煮」は最下位である。つまり「鍋」は最下位。から揚げや焼き鳥は好きだが、煮込んだトリはうれしくない。汁なんかを飲むと、かならず「ああ、温まるなあ」というのだ。温まって、なにがうれしいのか。バーベキューにまつわる雰囲気も好きではない。「バーベキューするんだが、来ないか？　楽しいぞ」って誘われても、断る（誘われたことはないが）。だいたい「バーベキュー」という言葉が「カラオケ」とおなじで、ばかである。温泉につかって「ああ、極楽極楽」って、なにが極楽なのかね。

温泉好き、銭湯好き、鍋好き、バーベキュー好きのみなさん、すみません。どうぞ、やってください。これはワイワイ嫌いのわたしの偏見である。

おおざい　①わたしが園児だった頃、土砂降りの雨になると、かならず家の前の水たまりに入り、両手を挙げて「おおざい、おおざい」といいながら、両足で雨水をバシャバシャと踏んで踊った奇習。かすかな記憶があるが、自分でも行為の意味は不明。「おおざい」の意味も不明。いつの頃か、消滅した。②失礼しました。

「か」行の覚悟

【か】

お金　①絶対権力ではないが、この世の最高価値と見なされているもの。②「お金はあって邪魔にならないから」なんて生意気な口調で、金《かね》欲しさの欲望の疚《やま》しさを軽減してきたが、ありすぎるとあきらかに邪魔になる——と思うのだが、持ったことがないからわからない。しかし、なさすぎると心が荒みがちになる。これは経験済み。用例。大田南畝「世の中はいつも月夜と米の飯それにつけても金の欲しさよ」。

金のある者は驕り、ないものは卑屈になる。というより、心が逼迫《ひっぱく》する。「貧すれば鈍する」というのは、かなりな程度事実である。「ふところが暖かい」という慣用句があるが、それは心の余裕のことである。だから「金持ちケンカせず」が成り立つ。わたしも一度、掃いて捨てるほど金を持ったうえで、世の中は金じゃないよ、といってみたいものである。ウソ。ほんとは、いってみたくもない。

ひとりで生きていくかどうかにかかわらず、金は最低限必要である。どのくらいが最低限かは人それぞれである。結婚相手は最低でも年収一千万円の男、という女の人がいるが、貧困への不安はこんな女性をもつくりだす。わたしは金の増やし方など知らない。地道に働くだけである。もう墓も建てたよ、九十まで生きられる金は確保したよ、という人は幸いである。こちらは、金がなくなるところまで、生きていくしかない。その後のことは、知らない。

家族　①自分が生まれ育った家族は、死ぬまで生きつづける元型の家族である。②自分が大人になって営むようになる家族は、第二の家族。③自分の子どもたちが営むようになる家族は、第三の家族。どの家族が重要か、幸せか、という問題ではない。参考文。神官上村秀男の昭和二十年二月十六日の日記。「心慰まざるときは、ひとり黙して境内を掃き、拝殿を拭き、書に対す。（略）我れに忠男と武男とあり、天下無敵である」（上村武男『遠い道程――わが神職累代の記』人間社）。このとき秀男は三十三歳。忠男は長男、武男は次男である。

わたしの父は、大分県佐伯市の農村で、両親と、兄ふたり弟ひとりの家族のなかで育った。母親は若くして亡くなり、のち、父親も亡くなった。父は十代半ばから働き、弟の学費を稼ぎ、中学校まで上げた。父と一番仲のよかった次兄は、警察官として赴任していた台湾で亡くなった。時を経て、長兄が九州の遠い地で亡くなり、可愛がっていた末弟もがんで死んだ。

父は母と結婚し、わたしたち四人の息子をもうけた。数十年間勤めた保険会社では、無遅刻無欠勤で、家族のために働いた。父の末弟が亡くなったとき、老齢の父が「ついにひとりぼっちになってしまったな」とつぶやくのをわたしは聞いた。「そうなのだ」とわたしは思った。そんなことを考えていたなどまったく知らなかった。父は自分の家族のほかに、最期まで、元型の家族を生きていたのだった。

格律　①自分ひとりだけの行動原則（ドイツ語ではMaximeマキシム）。②人はしても自分はしない、人がしなくても自分はする。③ただし、ある辞書には「（倫理学で）みんながそれに従うことが求められる行動の基準」とある。

辞書には「みんな」となっているが、わたしは勝手に、あくまでも自分一個にとっての行動「基準」と理解している（カントの原典に照らすと、これが正しい）。「みんな」がみんな、ある行動基準に従うとは到底思えないし、それに「みんな」がどう行動しようと、わたしにはかかわりのないことだからである。ゆえに、人がしても自分はしない、人はしなくても自分はする、という自分だけの原則にならざるをえない。

堅苦しく窮屈な生き方だと思われるかもしれない。しかしじつは反対で、むしろ心が自由な生き方である。なぜなら、無理をしているわけではないから、心に一切の負債がない。むしろ「みんな」に合わせることのほうが窮屈ではないか。

覚悟　①「格律」とかいっておきながら、こういうのもナンだが、「覚悟」という言葉は硬すぎる。武張《ぶば》りすぎだ。自分はこういうふうに生きていく、それで死んでいってもなんの文句もない、と考えることぐらいでいい。②集団のなかにいても、いつでも〈自分ひとりに還ってくることができる〉人間。③だが頭のなかだけの覚悟は、現実の硬さ（「現実」の項参照）を知らない「生覚悟」（だれの言葉だったか？）にすぎない。覚悟は揺れるのだ。

人間関係のこじれの多く（ストーカーなども含む）は、ひとりで立つことができない者が引き起こす。人を支配することで自分を支える者、腰巾着みたいに上に従うことで自分を支える者、ひとりの人に病的に執着することで自分を支える者、つまり人に依存する者はすべてそうである。わたしはひとりでいいや、それでいくわ、とあっさり決めてしまえば、他人を自分のつっかえ棒にしなくてもいいのである。

津波にも負けずに残った陸前高田市の一本の松に不屈と健気さと孤高を見て、人は「奇跡の一本松」と賞賛した。枯れ死とわかってからも、募金で集めた多額の資金をつぎこんで無理やり強化・保存した。そのくせ、これが人間となると、多くの人は一本松のように生きようとはしない。それどころか、ひとりで生きている人間の足を引っ張ることばかりしているのである。

肩書　①自信のない者は、肩書（会社名、地位）に倚りかかり、自信のある者は自分に依って立つ。②自信のない者は肩書に拝跪《はいき》し、自信のある者は人そのものを見て尊重する。③定年後、やっと一切の肩書がなくなり、晴れて天下の素浪人となった。

我慢　①自分で我《が》を抑え込むのも我慢、人に我を押し潰されて耐えるのも我慢。②抑え込み、押し潰された自我をどう扱うかによって、人間として成長できるか否かが決まる。神将が邪鬼を踏みつけているように、できるだけ自我を踏みつけて一段高い人間になりたい。③限度を越えたら、憤激もやむなし。参考例。黒人初のメジャーリーガーになったジャッキー・ロビンソン。さまざまな誹謗中傷に晒されるであろうジャッキーに、球団オーナー（？）がこのようにいう。「〝やり返さない勇気〟（the guts not to fight back）を持つ選手になるのだ」「奴らのレベルで戦ってはならん」（映画「42～世界を変えた男～」）

嫌いなもの　①自分の生活や人生のなかに入れたくないもの。②わたしが嫌いなものを、他の人は大好きだという、人間の不思議。③嫌いなもののリスト、好きなもののリストを完璧につくりあげると、それが自分という人間である。参考文。「自分の嫌いなものをあれこれ考えるのはとても愉しいことです。美的感覚とは嫌悪の集積である、と誰かがいったっけ」（伊丹十三『ヨーロッパ退屈日記』新潮文庫）

気取ったもの、語感が気持ちの悪いもの、しゃらくさいもの、肌にあわない言葉、が好きではない。「トイレ」「殿方」「パスタ」「チャリ」「コスパ」「テンション」「テンパる」「空気」「（速攻にたいする）遅攻《ちこう》」（遅い攻め、といってもらいたい）「損する」「元をとる」「～放題」「絆」（自分に酔っていて嘘くさい）。生臭い食べ物、男の未成熟の青臭い声、ねばりつく性格、なめくじのような顔、群れ、自我で膨れあがったうすらバカ、も遠ざけたい。以上はほんの一部。

自分の非を認めずに、保身のために必死にいい逃れようとしている人間（またこういう人間がけっこうな地位に就いていたりするのだ）を見ると、こう思わずにはいられない。司馬遼太郎が物語中の土方歳三にいわせた科白である。「野口健司は、新見、平山、平間とともに水戸以来の芹沢の股肱《てあし》の子分で、腕もたつ。弁もたつ。学もある。小才もきく。／が、薄っぺらで実がなく、屁のような男である。どうもああいう男は好かない」（『燃えよ剣（上）』新潮文庫）。

希望　①現状に自足していれば、希望は不要。②目標は自分を前進させるが、希望の実現は運による。しかし、ないよりはあったほうがいい。心の微速前進にはなる。③希望と絶望は紙一重。だが、その差が生死を左右することがある。

【く】

愚痴　①いっている本人は、自分が腐っていくことも自覚しないでいい気なものだが、それを聞かされる他人は、「受動愚痴」に晒され、ひたすら不快になる。②わかっちゃいるけどやめられないのなら、携帯灰皿ならぬ、携帯愚痴袋の使用を勧めたい。

苦労 ①寛容、配慮、厳しさ、覚悟、責任などにおいて、人間の深さを身につけるための方法。意識してすることではないが、「苦労は買ってでもせよ」とはそういう意味である。②苦労自慢はしないこと。あなたにとっては一〇〇の苦労であっても、他の人から見たらたった三〇でしかない、ということがあるからである。

屈辱 ①生きていればかならず数回は経験する自己の否定。②自尊心もへちまもなく、自分は他人にとっては否定される（無視される）存在でもある、ということを知るのは悪いことではない。自分はなぜそんなことを「屈辱」と感じたのか、その意味を考えるのも有用である。自分という人間の程度がわかる。③ただし、否定してくる相手がただのろくでなしという場合は、やはり業腹。

【け】

形式　①内容や意味は二の次で、自分だけに都合のいいことを、見せかけの大義名分や決まり事の形にくるんで主張し、人を従わせようとする。②本来は人間のためにあるものなのに、やがて人間などはそっちのけで、往々にして形式のための形式になる。ためにする議論、と似ている。

スーパーでの店員と客の会話。店員「（カードでの）お支払いは一回ですか？」。客「じゃあ分割で」。店員「あ、それはできないのですが」。ハンバーガー店の店員と梅沢富美男の会話。梅沢がスタッフのために四〇個のハンバーガーと四〇杯のコーラを注文する。店員「（店内で）お召し上がりですか？」。梅沢「食えるもんなら食ってみろ」。

権利　①これまでにただの一回も使ったことがない言葉。これからも使わない。②個人と個人のあいだに「権利」の入り込む余地はない。

「安楽死」とは「死期が迫っている患者に耐え難い肉体的苦痛があり、患者が『早く逝かせてほしい』との意思を持っていることが明らかな場合でも、医師が積極的な医療行為（薬物など……引用者注）で患者を死なせること」である。尊厳死協会は、これを「支持していません」。これにたいして「尊厳死」とは、その協会の設立目的によると「自分の病気が治る見込みがなく死期が迫ってきたときに、延命治療を断るという死のありかたを選ぶ権利を持ち、それを社会に認めてもらうこと」（日本尊厳死協会のＨＰから）である。

社会の認知を得るためには、また施術を行う医師のためにも、尊厳死の権利を主張することは必要なことかもしれない。しかしわたしは、自分には「死ぬ権利」などないと思っているし、いらない。権利を必要とするなら「安楽死」のほうではないかと思うが、わたしはその権利もいらない。

現実　①打ち破るまでは岩のように固いが、いったん破ってしまうと拍子抜けするほど柔らかくなるもの。しかし、たいていはその固さに跳ね返される。②その強固な壁を破ることができるか否かは、天賦の才か、尋常ではない努力か、運・不運による。

【こ】

公園　①定年になったひとり者は、気に入った静かな公園をひとつは確保したいもの。②河岸、散歩道、寺などでもいいが、ベンチはあったほうがいい。③もしそこで話し相手ができそうになったら、別の場所を探す。

市内にそんな公園がある。定年後の数年間、ほぼ毎日通った。が、いつの頃からか行かなくなった。理由は、その公園の管理担当者が、わたしに話しかけてくるようになったからである。かれはこう思ったのかもしれない。あのおっさん（わたしのこと）、毎日来てるな、かわいそうに。ひとりぼっちで話し相手もなく、ここ以外に行くところもないんだろうな。さぞかし、さびしい毎日を送っているにちがいない。よし、ここは一丁、おれが話し相手になってやるか——。

余計なことだったのだ。わたしはひとりを満喫していたのだから。ありがた迷惑とはこのことだ。しかしそんなことがわかるはずもないかれは、ベンチに座っているわたしを遠くから見つけると、十年来の知己のごとく、よお、というように手を挙げ、笑顔さえ見せながら、近づいて来るようになったのである。時々、話すのならいい。しかしかれは毎回やって来、それがだんだん疎ましくなってきたのである。

公園にひとり、というのがよくないのだろう。「公園」と「ひとり」の取り合わせが、いかにも、さびしさ感全開に見えるのではないか。いや、会社員が公園にひとりなら、休憩してるなとか、さぼってるな、で済む。公園に、おっさんが、ひとり、という無敵の三条件が、文句なしのさびしさ感を醸し出すのである。そのうえに、本なんか読んでいた日には、もうさびしさ以外のなにものでもないであろう。ほかに仲間と楽しむ趣味もないいんだ、と。

人がひとりの人間を見て、長谷部誠の「ひとり温泉」のように、さびしいだろうな、と思うのをとめることはできない。だからせめて、近寄ってくるんじゃない、ほっといてくれよ、と思うのである。だからといって、わたしも首に「まったくさびしくないので、話しかけないように」と書いたA4のラミネート加工した札をぶらさげるわけにもいかないしなあ。

孤独　①孤独は長期にわたり、身寄りも友人もなく孤立。ひとりは短期で、しばしば会う人がいる。②孤独には希望が薄く（もしくは皆無）、ひとりは贅沢とはいえないまでも、恵まれた逃避あるいは疎外。実例、といっては大変申し訳ないのだが、二十代で自殺した男性の声。「来世で幸せになりたい」（日本テレビ「NNNドキュメント　孤独に苦しめられる人たち」二〇一六・六・六）

メイ・サートンは、小説でレスビアンであることをあきらかにしたため、大学の職を失い、本の出版も中止になった。『独り居の日記』（みすず書房）は、サートンが五十八歳のときにニューハンプシャー州の田舎に独居したときの一年間の記録である。サートンはまったくの孤立だったわけではない。友人は多く、来訪者もいた。大学の講義旅行や講演にもでかけた。五十九歳の誕生日には「たくさんの手紙や花が届いた」。サートンの「独り居」は、恵まれた「ひとり」である。

自足した記述がなされている。強がっているようには見えない。「今の私が経験しているような、豊かな孤独の期間」「書斎では火が燃え、机には黄バラとミモザがある。家の中には祭りのような、解放の雰囲気がある。家と私は一体となり、私は一人でいることに幸福を感じている——考える時、存在する時だから」

だが、満たされた「独り居」の日々がいつまでも続くわけではない。うってかわって、悲嘆の記述が増えていくようになる。書評に傷つき、日がななにをすることもなく、「時を無駄にし……気分を沈ませ」る。人と食事をしても楽しめない。「私はこの新しい赤ん坊（作品……引用者注）を抱えて誰一人見せる人もなく、一人ぼっちであることを悲しく思う」「寂しさが身にしみる」「昨夜は泣きながら床についた」「退屈とパニックは、孤独な人間が闘わなくてはならない二つの悪魔」

七十歳のとき、サートンの独り暮らしにはふたたび落ち着きが戻り、老いのなかにも心からの歓びを見出すようになっている。「私は、自分が年寄りになったとは思わない。ここまで長生きしてきたというより、まだまだ途上にあるという感じ」。講演では「今が人生で最良のときです。年をとることはすばらしいことですよ」と語った。なぜなら「今までの生涯で、いちばん自分らしくいられるからです。心の葛藤も減ったし、幸せな気分でいられるし、安定もしているし……」「それに強くなったとも思います」（前出『70歳の日記』）。一九七八年、パートナーとの決別があり、乳がんを患った。一九九五年、八十三歳で亡くなった。

「自分らしくいられる」という表現は、『独り居の日記』の訳者あとがきでは「私は今ほど自分自身であり得たことがなかったからです」と書かれている。この訳のほうが原文に近いと思われる。シャーリーンの「愛はかげろうのように」という歌のなかに〝わたしは自由を求めてさまざまな土地に行った。男とも愛しあった。ニースやギリシャの島やモンテ・カルロにも行った。他の女の人たちが知ることのない、めくるめくような体験もした。これこそがパラダイスだ、という時間のなかにいたこともある。けれど、自分自身に戻ってきたことは一度もなかった I've never been to me.〟という詞がある。これがサートンの「私は今ほど自分自身であり得たことはなかった」ということではないかと思われる。

しかし世の中には、こういう人がいる。病気や事故のせいで仕事ができない。収入は生活保護費のみ。アパートのひとり暮らし。身寄りに頼ることもできず、友人はいない。十年以上の引きこもり。年齢はさまざま。シングルマザーもいる――。こういう孤立無援の人に、わたしの書くものなどまったく通用しない（いや、恵まれた「ひとり」にも通用するとは思われないが）。いかにも大甘なのだ。こういう人の現実に必要なのは、行政の福祉やしかるべきNPOや地域のボランティアである。

孤独が軽侮されるせいで、逆に、孤独の意義を過度に主張する言説がある。たとえば「孤独」は「自分づくりの時間」をもつこと。「自分のパワーを増強し、なりたい自分になるために生かすことのできる人が、ズバリ『孤独力』を持っている人」。「孤独力」がつくと「『個の輝き』が増す」。すると、周りの人は放っておかず、その人の周りには「自然と人の花ができる」。「自分がひとりぼっちであること、自分に代わる誰かはいないことを心にとどめて、人を愛し、人と手をつなぎ、自分にしか実現できない幸せな人生を生きる、そんな勇者を目指していきましょう」（斎藤茂太『幸せを呼ぶ孤独力――〝淋しさ〟を「孤独力」に変える人の共通点』青萠堂）

こういう類の「孤独（力）」本の全部がいい加減で無駄というわけではなかろう。だけど、こうすればこうなる（孤独の時間をもてば心が豊かになる、など）ということは、ない。本は不特定多数のために書かれていて、あなたひとりのために書かれているわけではないからである（不特定多数にも有効かどうか？　サートンの孤独はサートンだけのものである）。著者たちは一見頼りになりそうだが、いずれも、たかが学者、たかがテレビに出ている人、たかが本を何十冊も書いている「先生」にすぎない。モノを書いている人間は、実際に孤立者を援助している人には逆立ちしても敵わない。

後悔 ①後悔するのはあたりまえ。納得できないことが生じるのもあたりまえ。②そもそも一〇〇パーセント満足し、一〇〇パーセント納得したい、という損得勘定が間違いである。坊さんまでが「人生は一度限りだから」なんて計算高いことをいう。だからどうした？ 参考例。シカゴ・カブス傘下の川崎宗則選手の言葉。「後悔しない人生なんてクソくらえ」（丹羽政善という人のネット記事。二〇一七・三・十三）

死ぬときに、「いい人生だったな。なんの後悔もない」とか、「ああ、楽しかった」と思うことができるなら、それが一番、という人がいるが、そんな図々しいことをわたしは考えない。後悔はあるし、「ああ、楽しかった」は、次の楽しみがあると思うからそういえるのである。次には死しかなくて、「ああ、楽しかった」もへちまもあるものか。

「しなくて後悔するくらいなら、して後悔したほうがいい」という、いかにももっともらしい穿ったいい方が人気のようである。どういう了見か。どっちだっていいんだ、そんなことは。モノによるのである。人間に特有な「あんなこと、するんじゃなかった」という悔恨《かいこん》はどこに行ったのだ？

ご飯　①ひとりで食べても、うまいものはうまい。だれと食べようと、まずいものはまずい。②「孤食」なんてくだらない言葉を発明するんじゃない。参考文。『じみへん』で知られる漫画家の中崎タツヤの『もたない男』（新潮文庫）から。「以前の朝食は、ご飯と焼き味噌だけでした」。足軽か。

ところがなんの因果か、吉川潮・島敏光『爺《じじい》の暇つぶし――もてあます暇をもてあそぶ極意、教えます』（ワニブックス―PLUS―新書）という本を読んでいたら、一九四八年生まれの演芸評論家・作家である吉川潮が、「人間らしい食事」は「『何を食べるか』ではなく、『誰と食べるか』に依る」なんて通俗的なことをいっている。聞き飽きたわ。外食をするときには「飯友が最低3人は欲しいですね」「女性の飯友がいればなおけっこう」だって。やかましいわ。「飯友」なんてくだらん言葉を使っておいて、なにが「人間らしい食事」だ。

いい気なおっさんである。吉川には二〇人ほど友人がいるらしい。で、吉川がその同類たちとどんなランチを食べているかというと、「寿司、イタリアン、焼き肉、とんかつ、焼き魚、中華など」「どの店も一人1500円から2千円と、一般のサラリーマンのランチよりはちょっと贅沢な物を食べています」「喫茶店はベローチェ、ドトール、サンマルク、エクセルシオールなど1杯2~300円のチェーン店に入ります」だって。

たまにひとりで食べることもある。しかし「いくら安いからといって、牛丼のチェーン店やファストフード店などに入ってはいけません。私が入らないのは店内と客が貧乏臭いからです。若いうちの貧乏は当たり前だが、いい齢をしてその手の飲食店で食事をする人はなぜか貧乏臭く見えてならない。貧乏はいいけれど貧乏臭いのは大嫌い」。ふふ。なにをいってやがる。だったら「チェーン店」の格安喫茶店なんかに入るなよ。会社員より「ちょっと贅沢な物」って、そのほうが「貧乏臭い」んだよ。

「テレビ依存症になってはいけません。テレビを見るだけが楽しみという老後は、あまりにも寂しいではありませんか。寝たきり老人ではないのですから」(わたしのことだ。ほっとけよ)。そのくせ吉川は、すぐケーブルテレビに入りなさい、「月平均8千円」の受信料で「BS、CSの30以上のチャンネルが見られるのですから安いもの」といっている(思い切りテレビを観てるではないか)。さらに何様のつもりか、服装指南までしている。「女性が見て可愛いと思えるカジュアルファッションが爺の理想」、衣服は「ユニクロで十分」、帽子はかぶったほうがいいが（数万円のボルサリーノから、二、三千円のものまで）、キャップはやめたほうがいい、「スカーフはマフラーより明るいものを選んでください」。だれなんだあんたは。ドン小西か。

吉川潮の共著者は一九四九年生まれのエッセイスト・映画評論家である島敏光（父親は笈田敏夫。黒澤明は伯父）。この男も類は友を呼ぶで、バカのひとつ覚えのように「外食を楽しく美味しく食べるためには（略）、飯友が欠かせません」とほざいている。こいつも「牛丼、立ち食いそば、ハンバーガーやファミレス等のチェーン店は避けてください。それらは仕事が忙しい時にやむなく飛び込む店なんですよ。第一味気も個性もないじゃないですか」てなことをいってるが、ただの俗物である。

もういっていることのすべてがくだらない。「ダメダメな暇のつぶし方といえば、1にパチンコ、2にテレビ、3、4がなくて5に病院で決まりでしょ」（ケッ。なにが「3、4がなくて」だ）。「テレビで得た知識なんて、私に言わせれば、脳のぜい肉です。自分自身の足で現場に赴き、五感で確かめた知識だけが、脳の筋肉になるのです」（ばかいってんじゃない）。「病院の待合室、近所の公園、図書館という爺の暇つぶしのゴールデン・トライアングルにはまり込むと、一種の中毒になり、なかなか抜けられなくなってしまうのです」。そんなところは「ほどほどにして、元気な人たちのいる所、生きる欲望のうずまく所へ、積極的に出かけて行きましょう。／それはレストランであり、パーティーであり、野球場なのです。レストランなら店員さん、パーティーならお客さんたちと積極的におしゃべりをしましょう。きっと新しい刺激が待っています」（バーカ）。島の友人知人は吉川の約百倍いるというから二〇〇〇人いるのか。

ふたりとも酒は飲まない、タバコは喫わない、車の運転はしない。しかし美術館、博物館、散歩、旅行などに蘊蓄《うんちく》を傾けて、おれたちは教養もあり、小金もあるダンディな紳士だ、といいたがっているようだが、勝手にやっていなさい（図々しいことに二人の写真を載せている）。これほど大きなお世話な内容の本もめったにあるものじゃない。あまりにもスカスカで、びっくりしたわ。

「孤食」という言葉がある（大学生たちは「ぼっち飯」というらしい）。つまらぬ言葉ばかりつくりだすものだ。「独居高齢男性、孤食でうつ発症が2・7倍に　全国調査」というネット記事である（「朝日新聞デジタル」二〇一六・十・二十八）。調査対象は全国二四市町の六十五歳以上の住民約三万七〇〇〇人で、二〇一〇年にはうつ症状がなかった人々だという。

記事はこうである。「一人暮らしの高齢男性で食事をひとりでとる『孤食』が多い人は、誰かと一緒に食事をすることが多い人に比べて約2・7倍うつ症状が出やすい、という研究結果を千葉大や東京大などのグループが27日発表した。約3万7千人を対象に3年間追跡した全国調査の成果。家族や友人と一緒に食事をすることがうつ予防につながる可能性がある」

どれだけ金を使ったのか知らないが、また、どうでもいい調査をしたものである。「家族や友人と一緒に食事をすることがうつ予防につながる可能性がある」（傍点引用者）と腰砕けみたいなことをいっているが、人と食事ができないから「孤食」になっているのではないか。じゃあどうすればいいのだ？　歯のない高齢者がうつ病になる確率は、そうでない人の約一・三倍といった調査結果も出ている。では歯がないうえに孤食の高齢者は、何倍の確率になるのか。

まったく、文系の学者（一部の）は予算を使ってどうでもいい調査ばかりをしている。ただこんな結果が出ました、といっているだけで、あとは放りっぱなしである。そこから先はうちら研究者の領分ではありませんから、というのだろう。もうすこし、ましな研究をやれよ。

心　①心の車輪が毀《こわ》れると、人間は走れなくなるか暴走する。②心は脳にあるんだよといわれ、それはそうかもしれないが、やはり心臓近くにあると考えたほうがしっくりくる。でなきゃ、両手でつくる♡の意味がない。

言葉　①言葉が悪いのではない。遣う人間が悪い。②一〇〇の信頼もたった一つの嘘で壊れる。

これでいい　①自得自足するための覚悟の一種。生覚悟であろうと、ないよりはまし。②「自分はこれでいい」と納得することができるなら、たいていのことはすっきりする。参考例。少年野球チームに入っていた桑田真澄は、つぎはぎだらけの靴下をチームメートからバカにされた。そのときの桑田少年の言葉。「ええねん、これでええねん、野球がうまかったら、それでええねん」（『心の野球――超効率的努力のススメ』幻冬舎）

橋本治が「この半年くらい、気がつくと『自己承認欲求』という言葉をよく聞いていた。どうでもいい写真の類をＳＮＳに上げるのは自己承認欲求だ、とか」と書いている。「どうしてそれが『下らない自己主張』ではなくて、『自己承認欲求』なんだ?」「なんでそんな図々しいこと考えるんだ?」（「自己承認欲求と平等地獄」『ちくま』No.550）。

いや、もちろんそれは「下らない自己主張」なんだが、下ろうと下るまいと、そんな自分に注目してよ、わたしを見てよ、というのがSNS投稿者の心理であろう。橋本はとっくの昔に「世の中って、そんなに人のことを認めてくれないよ」ということに気づき、「『認められようとられ《ママ》まいと、自分なりの人生を構築してく《ママ》しかないな』と思って、『人生ってそんなもんだな』と思った。取っかかりがない、風の吹く広野を一人行くとか」。それに比べると、「自己承認欲求というのは、平和がもたらした贅沢な産物だ」。

まったく同感である。だが、スマートフォンがもはや体の一部のようになって片時も手放すことができなくなった人間や、「オレのこの気持ちをどうしてくれるんだ」とゴネるような自分一番の自我と、みんなのなかのちっぽけな自分とのあいだでヒリヒリしている人間に、「風の吹く広野を一人行く」ことなど到底無理である。いやそもそも、「風の吹く荒野を一人行く」などと考えている者など、ほとんどいないのである。

ところで「自己承認欲求」というと、わたしの考えでは、他のだれが認めてくれなくても、自分で自分を認めることである。つまり、世間の大半はちがうかもしれないが、おれはこれでいいよ、ということである。わたしを認めてくれ、という承認欲求は、「被承認欲求」である。

「さ」行の世間

【さ】

さびしい　①「ひとり」にとって最大最強の敵、と思われている感情。ひとり者の自由気ままの代償。②しかし、さびしさを一〇〇個集めて煮詰めても、人は死なない。③「さびしい」という言葉があるからさびしいといっているだけ。④「さびしいなあ」と思う。だからなんなのだ？　とねじ伏せるしかない。

テレビの年の瀬風景の特集コーナー。夜、ひとりのおじさんが大衆中華店でなにかを食べている。そこに「ひとりさびしく担々麺を食べる男性が……」のナレーション。このナレーションを書いた人間（テレビ作家？）の頭のなかにはなんの疑いもなく「ひとり＝さびしい」がこびりついているのである。アホな作家だ。そのおじさんがほんとうに「さびしい」と感じているかはどうでもいいのだ。しかし、これはその作家にかぎった話ではない。どうしたってひとりは「さびしく」見えるのであり、その見え方は一般的であるといっていい。

なぜ、ひとりはさびしく見えるのか。ひとつは、人間のあり方として最小人数であること。つまり、人と繋がりあっていることが本来の人間のあり方で、ひとりは、疎外状態か例外状態とみなされていること。さらに、話し相手がいないから、当然のこととして無言。しかも、世間には複数者が多勢で、それに比べて、ひとりが少数であること（たとえば、旅行者や、カラオケやレストランの店内）。そんな、なんやかんやで、わたしたちは「ひとり＝さびしい」と刷り込まれている。

もうひとつ。世間の人間は、ひとり者にはさびしくあってもらいたい、と思っているのではないか。自分はまがりなりにも友だちや恋人や配偶者や家族があり、考えてみるとそれらはそれほどたいしたものじゃないが、それでもとりあえず「ひとり」よりはましだ、最低限さびしさだけは免れている、と思いたい自分が優位に立てなくなるので、ひとり者はなんとしてでもさびしくなければ困るのである。

『毎日新聞』の「男の気持ち」というコラムに、八十三歳の東京の男性が投稿した「妻よ、会いたい」という記事があった（二〇一七・一・十七）。高二で出会い、二十四歳で結婚し、五〇年以上「自分勝手な私をいつも許し、そして常に支え続けてくれた」妻が、認知症になった。今度は自分が妻に「お返しをする番」だと、介護をし世話をしたが、その甲斐もなく、八十二歳で亡くなった。

その妻が生前、ケアマネージャーに「主人は兄弟がなく、親戚も少ない独りぼっちなので、私が守っていかなければならないのです」といったという。その妻の死から一年半がたったいまでも、その男性は「こんな情けない姿を妻が喜ぶはずもないのだが、その寂しさには抗し難く、何かを考えようと思っても、どうしても妻の顔が浮かんでしまう」のだという。かれの心情がきわまっていると思われるのは、次の言葉である。「会いたい。会いたい。今一度会って語り合いたい。そして涙、涙」

ふむ。うかつなことはいえない。しかし、「寂しさには抗し難」いというが、「抗」すればいいではないか。「抗」さなくても、我慢するしかないではないか。「ひとり＝

さびしい」は、世間だけではなく、当人にも刷り込まれているのだ。しかし、さびしいからといってなんなのだ？　自分で自分を助けなさい。最後の「そして涙、涙」という一文は、どうしても嘘くさい。なんでこの男性は投稿などしたのだ？　昭和二十年四月十二日、特攻出撃した穴沢利夫少尉(23)が婚約者に宛てた遺書を思い出す。「智恵子。会ひたい、話したい、無性に」（知覧高女なでしこ会編『群青』高城書房）

酒　①酒がなくてなんの人生ぞ、とは思わないわたしの、それでも感じてしまう小さな引け目。②酒が飲めないことで「人生の半分を損しているなあ」といわれたことがあるが、損はしていない。まあ、しててもいい。文例。吉井勇「かかる世に酒に酔はずて何よけむあはれ空しき恒河沙《ごうがしゃ》びとよ」「酒に酔ひ忘れ得るほどあはれにも小さくはかなきわれの愁か」（『吉井勇歌集』岩波文庫）。ちなみに「恒河沙」とは「無数」のたとえのようである。

たぶん体質的に酒が合わないのだろう。若い頃は、酒が飲めない自分を恥じたものである。で、はっきりいって、すこしばかにもされている。酒好きの女の人のなかにも、酒が飲めない男はちょっとだめですね、というのがいる。しかし、最近の若い人はばかみたいな酒の飲み方はしなくなったようである。それでもまだ、集団になると無理やり、場を盛り上げるために、酒を強要したりしているようでもある。そういう集団はくだらない。楽しくあっさりと飲んでもらいたいものである。

日本人は、自分のたゆまぬ努力の果てに酒が飲めるようになったわけではなく、ただたんに生まれつき飲めるだけなのに、酒飲みを誇り自慢する傾向がある。酒が飲めないやつを見つけると、いい獲物を見つけたといわんばかりに、舌なめずりをしていそうである。酒飲み同士でも、「飲んでるかあ?」「飲んでますよ」てなアホ会話をしている。人が飲もうが飲むまいが、どうでもいいではないか。ドイツやイタリアで、「酒は飲まない」というと、「ああ、そうか」で終わった。楽だった。

まあ、酒が飲めたらよかったかな、と思わないではない。しかし、もうしようがないのである。もし飲めたとしても、わたしは「ひとり酒」になっただろうな。

散歩 ①言葉の響きから、ひとり者にはうってつけの過ごし方だとは思うものの、わたしはしない。②するのは、自転車ぶらぶら。

【し】

自由　①一番目の家族、二番目の命、の次に大切なもの。②仕事やお金でさえ自由には勝てない。自由に勝つのは愛情だけである。③自由を欲すれば、おのずと「ひとり」にならざるをえない。

しあわせ　①だれもが望み、だれもが口にするが、だれひとり見たことがないもの。考えてもしかたがないことの筆頭。②だから、「わたしはしあわせです」といったもん勝ちなのだが、無暗にしあわせアピールなんかするんじゃない、と思う。③もし「しあわせ」があるとすれば、女性と子どものもの。男のものではない。参考文。「生命、自由及び幸福追求に対する国民の権利」は「公共の福祉に反しない限り、立法その他の国政の上で、最大の尊重を必要とする」（日本国憲法第一三条」）。この「幸福追求」権は意味があるのか？

といいながら、わたしの好きな者たちには「しあわせ」になってもらいたいと思う。

信仰心などないくせに、父母兄の墓前で手を合わせるときは、身近な者たちが健康でしあわせな人生をまっとうしてくれるように、と願う。むろん、ただの気休めである。それでもそんなとき、「しあわせ」という言葉で、人生の善なるものすべてをいい表しているような気がする。

ＮＨＫの「小さな旅」という番組で、いまでも残している録画がある。二〇一五年八月二十九日放映の「〝孤島〟にしあわせ」という回である。鹿児島から南に二〇〇キロ、トカラ列島のひとつの悪石島が舞台。緑一色に覆われたきれいな島だ。住民は約六〇人。島には店が一軒もなく、病院もない。鹿児島から週二回やってくる定期船が生活のすべての支えである。漁師は三人、和牛の飼育をしている人もいる。小中学校があるが生徒は七人。その一人、中学一年の十三歳の少女がよかった。

両親と小さな妹の四人暮らしである。シャボン玉を飛ばしたり、本を読む。「ゆったりと時間が流れてるかなあという感じ、ここにいるだけで楽ですから、いろんなことができるから、一番楽しい場所」という。夕方、母親と妹と三人で高台にあるヘリポートまでのんびりと散歩をする。近所の大人たちと親しくおしゃべりをする。魚の燻製をもらう。「緑がいいな、海もいいし、きれいだからいいなあと。人数が少ないほうが、みんなと楽しくできるので。ここの島だからこそ、みんな家族っていう感じ」
彼女もやがて高校に行くために島を出るだろう。その後の人生がどうなるかわからない。しかし彼女は、いつかかならず、この島での生活が「しあわせ」だったと思うはずである。

自尊心　①欲求や欲望を抑えるのはさほど難しいことではない。自尊心をかみ殺すことが難しい。②そんなことはなんでもないさ、会社や部下のためなら土下座でもなんでもしてやるよ、という人をわたしは尊敬する。

自我　①諸悪の根源。自尊心はその一部。なんでこんなものを神はつくったのかね。②危険物で要取扱注意だが、他面、「フラジャイル」だから壊れやすい。

じじい　①自分でいうのはいいが、人にはいわれたくない。②自称じじいも、図々しいことに、心のなかではじじいだと思っていない。若い人に告げておくが、じいさん、ばあさんの心のなかは意外と若いときのままである。つまり幼稚。だから気持ちが悪い。③歳を訊《き》かれてニタリとして、「いくつに見える?」なんて訊き返さないように。だれも興味がないんだから。

高齢者ドライバーの交通事故の多発が報じられる。ところが、「『自分は大丈夫だ』と自信を持つ高齢者が、年を重ねるごとに増える」というネット記事（出典、産経新聞）があった。「60代、70代で5割、80代では6割を超える」らしい。そりゃそうだろう、自分はまだまだ若いと思っているのだ。それに、車はアクセルさえ踏めば走るから、それを自分の力と勘違いするのである。

わたしなんか、いまだに趣味も嗜好も子どものときのままである。幼稚極まりない。しかし他方で、寺や仏像などのひなびたものに興味をもちはじめたのはどういうわけか。たぶん対象によって、じいさんの頭のなかは十代から現在年齢までのまだら模様になっているのだろう。南伸坊は六十七歳になっても（現在は六十九か七十）老人の自覚がないという。「70歳になったらさすがに思いますかね」と一〇歳年上の養老孟司に訊くと、「思いませんよ」。

その養老孟司の言葉。「僕は子どもの頃から、自分が世間にいるということに、多少違和感があるんですよね」「借りてきた猫のように『おれはここにいていいんだろうか』という違和感が、勤めを辞めたら楽になりました」「僕は一人でいるときはハッピーですね」「絵がヘタで困るんだけど、でも楽しい」「健診に行かない、病院に行かない、これが一番いいんです」「（老人は）にこにこしてりゃいいんですよ（笑）」（養老孟司＋南伸坊『老人の壁』毎日新聞出版）。

そういえば、養老孟司はおしゃべりをするとき、いつもにこにこしているなあ。見習いたいものだ。わたしも「一人でいるときはハッピー」である。養老孟司も、元々、集団嫌いで、ひとりに向いた性格なのだろうと思う。

自転車　①ひとり者には軽便で最も自由度の高い、必要かつ最高の乗り物。②その気になれば、世界一周もできるが、もう遅い。強敵は雨と向かい風とパンク。

車とちがい、自転車はバランス感覚が必要である。だから自転車に乗ることができているあいだは、まだ大丈夫だ。わたしが乗っているのは格安のふつうの買い物自転車である。ロードレーサーに多少の憧れがないわけではないが、わたしにはまったく似合わない。せいぜいクロスバイククらいか。ショッピングモールの駐輪場で何回も赤のキャノンデール（アメリカの自転車）を見かける。だれが乗っているのかと思っていたら、これがちょっと小太りのおじさんだったのである。ほお。しかし、わたしにはあのヘルメットも似合いそうにない。

そういえば、話はそれるが、スーパーで帽子を試したことがある。高倉健やクリント・イーストウッドのようなキャップはどうか、渡哲也や、これまた高倉健のハンチングはどうか、阿部寛や小栗旬のニット帽はどうか、浅田次郎の（いきなり例が下がったが、笠智衆でもいい）ハット（ソフト？）はどうか。

これがもう笑ってしまうくらい、全部似合わないのである。おまえはだれを引き合いに出してるのだ、身の程知らずが、といわれるだろうが、ワハハ、わたしは街中のキャップをかぶったおじさんやじいさんの全員に負けているのだ。テンガロンハットというわけにもいかないしなあ。そんなじじい、見たことがない（地元で、ひとりだけ見たことがあるが）。ミッキー・カーチスじゃないんだから。どうしたらいいのかね。

結局、すべての帽子をあきらめた。

自転車の話だった。傘をさして自転車に乗ると交通法規違反になったようである（二〇一五年六月から)。ばかな法規である。自転車は車道を走れ、ともいわれる。無理だって。ドライバーだって迷惑だろう。もし自転車に乗れなくなったら、それがわたしにとっての身体の老いの決定打となるにちがいない。まだ、大丈夫だ。

視線 ①自分で勝手に、人からこう思われているなと妄想して、自縄自縛になり、あるいは現実の視線をも、こう思っているなと勝手に推測して、その自分の推測に自分で反応して、怒ったり落ち込んだりするという一人相撲をとること。②つまり、すべての視線は自分の視線である。参考文。「誰もぼくのことなんか見ていない。それはわかっているのだ。だがしかし、だ。ぼくなのだ。ぼくが! 見ているのだ!」(若林正恭『〈完全版〉社会人大学人見知り学部卒業見込』角川文庫)

ひとりでいると、さびしいやつだな、と思われるのではないか、と他人の視線を勝手に内面化するのがそうである。人の視線の意味などわかりはしない。わかったとしても、自分とかかわりのない者の視線など、意味はない。どっちにせよ、他人の視線など痛くも痒くもないのに、それでも気になるのは、自尊心にふれるからである。つまり、なんだか知らないが、「負け」たくないのである。相手に「勝った」と思われたくないのである。

だって、相手は根性の悪い、どこから見ても優れたところのなにもない、人間としてもけちくさいやつではないか——。この気持ちはわかる。こんなアホにつけあがられてたまるか、と思うのである。これは不思議な感覚である。相手がなにを思おうと、こちらにはどうしようもない。得意満面な顔をしていたとしても、そのことが自分に物理的な害をなすわけでもない。結局、それを流すことができないのは自分の弱さ、というほかはない。視線の内面化は、しかし、悪いことばかりではない。

北野武は大学を中退した（のち、特別卒業）。芸人の道に入った北野武を母親は勘当した。その母親の遺品に「たけちゃんマン人形」と、芸人人気ランキング一位になったときの新聞の切り抜き記事があったことを知り、北野武は涙ぐんで絶句。そのあとにいった言葉が印象的である。「いまだにあれだよね、死んで何年もたってるのに、やっぱ母ちゃんと思っちゃうんだよね。こう、なんかのときにふわっと出てきちゃうんだよね、もうトラウマだよね。だから、あれ？　こんなことやってるとおふくろに怒られると。ちょっとこれ傲慢になってるなとか、偉そうになってるとか」（ＮＨＫ「ファ

ミリーヒストリー・北野武――父と母の真実　阿波国徳島に何が」二〇一七・一・五〈再放送〉）

死　①世界にとっては砂粒ほどのひとりの消滅、ひとりにとっては世界の喪失。②おれもそう遠くはないからな、という人間にかぎって、本気で死ぬとは思っていない。文例。エセーニン「今日に始まる死ではなし　さりとて　むろん　ことあたらしき生でなし」（『エセーニン詩集』彌生書房）。

「ああ、眠いな」とそのまま死ねればいい、と思う。溺死、凍死などの苦痛死はごめんこうむりたい。「孤独死」なんかは、それがどうした、である。

静か　①これを求めているために「ひとり」でいる。②自然な盛り上がりは嫌いではないが、無理やりのわざとらしい盛り上げは、白ける。

クラブなんかに行って、しゃべらないでいると、店の女性から「こちら、静かなのね」といわれるらしい。うわ、たまらんな。そんなこといちいち口にださず、ほっといてやれよ。「おとなしい」というのは大の大人にたいして失礼にあたるというのか、それをいいかえて「静か」。どっちだって、かわりゃせんよ。

「いわれるらしい」というのは、わたしが直接いわれたわけではないからである。なにしろ、わたしは自慢ではないが、ホステスなるものが侍る店には一度も行ったことがない。まったく行きたいと思わず、むしろそんな女の人は邪魔である（学生時代に、スナックに一、二度行ったことくらい）。世の男性諸氏たちよ、こんな男もいるのだ。

二〇一六年、北海高校（南北海道）が八八年ぶりの甲子園でベスト4進出を果たした。彼らの戦いぶりで注目されたのは、ガッツポーズなどの自己アピール行為を一切しなかったことである。エースでキャプテンの大西健斗選手は、こう語った。「僕は相手打者を抑えて、ガッツポーズや雄たけびをしないです。野球は相手があって成立するスポーツですから、相手を敬うことを大事にしたいです」。平川敦監督は生徒たちに「野球は1回から9回まであるので、一喜一憂することなく、最終的にゲームで勝って喜び、嬉しさを感じなさいと言っています」という（「Number Web」二〇一六・八・十九）。

高島忠夫の「イェーイ」、勝俣州和の「シャー」、田中将大の雄叫び、が好きではない。酒席での酔客のがなり声も好きではない。日本であろうと外国であろうと、無理やり盛り上がろうとする根性が好きではない（若山牧水「白玉の歯にしみとほる秋の夜の酒はしづかに飲むべかりけり」）。もうそんな場所に行くこともなく（以前なら宴会などもあったが、これからの生活ではたぶん皆無）、つくづく「ひとり」でよかったと思う。

地元の喫茶店でこんな若い男を見た。イスの肘掛けに、わざわざ片足をかけて半身に座り、相手の女の話に、両手を叩きながら、おおげさに体を曲げ、のけぞり、よじらせ大笑いをするのである。髪が顔半分にかかるくらいの長髪で、見たところ、二十歳そこそこの男である。できるだけ無作法な自分を周囲に見せたいという意図があからさまなのだ。相手の若い女も両足を曲げてイスの上に乗せてはいるが、話し方は静かである。その女が便所に行くと、男は急に所在なくなり、周囲をチラ見する。肘掛けに無理に乗せた足もきついのか、おろした。いっぺんにおとなしくなっているのだ。それがほんとの君だよ。つまらんことで無理をしなくていいのだ、と思ったが、女が戻ってくると再開。

趣味　①人生は暇つぶしだということを証拠立てる極私的な暇つぶしの行為。②「なにもしたくない病」と自嘲するが、ほんとうをいえば、それはそれで愉しい。

定年後、なにもしていないというと、あきれた顔で、もったいないなあ、といわれる（こんなモノを書いていることなど恥ずかしくて絶対にいえない）。まだ元気じゃないですか、趣味とかなにか。釣りとか旅行とかカラオケとかあるじゃないですか。あのあれ、グラウンドゴルフとか、だれそれさんはゴルフやってますよ。社交ダンスも（知らんがな）。いや、もったいないなあ。

こういうことをいう人は、自分でなにかをやっている人である。わたしも会社勤めをしていたとき、なにもすることのない母に趣味的なことを勧めたことがある。歳をとって無聊《ぶりょう》をかこつ父に、ウォーキングを勧めたこともある。いまにして思えば、余計なことであった。父はなにもしたくなかったし、する気がなかったのだ。なにかをするにしても、自分で見つけるほかないのである。いまのわたしがそうである。

で、わたしには趣味がない（NHKの将棋やテレビ朝日「アメトーーク」の「鉄道芸人」などをテレビで観るのは好きだが、結局、テレビしかない）。なにかしたいのにすることがない、というのではない。それは若いうちのことだ。その反対でいまでは、なにもしたくないからなにもしないという一番いい状態なのである。

【す】

清々しい　①心にいささかのよどみもない人。受け狙いの言葉などいわず、わざとらしい行為もしない。こういう人はめったにいないが、いることはいる。②清々しさは「男らしさ」の一条件である。男らしい男は、ひとりで立つ男でなければならない。③清々しく見える集団はあるが、見えるだけ。「清々しい集団」など語義矛盾である。

素浪人　①現代の素浪人は、定年後で肩書なし、友なし、金もなし。腕も立たない。心の自由だけはある。自転車に乗っている。②こんなものを書いてわずかに糊口を凌いでいるのは、内職の傘張りとおなじ。

スポーツ観戦　①といってもテレビ観戦である。テレビの数少ない恩恵のひとつ。②長年、身体的鍛錬をした者たちが、超絶的技能を駆使して競いあう、現代においてはウソとごまかしの少ない本気の世界を見る楽しみ。

世間　①「ひとり」にとっては、おおむね好ましからざる多勢集団。②集団とはいえ、中味は一人ひとりの具体的な人間である。太宰治が書いたように、「世間」の名を借りて、人を非難する者がいる。③集団のなかに入ると、安心で居心地がいいのだろう。文例。良寛「世の中にまじらぬとにはあらねどもひとり遊びぞ我は勝れる」

　このように解釈されている。「世の中の人々とつきあわないというのではないが、独りで心のままに楽しんでいることのほうが、私にとってはふさわしいと思われるのだよ」（松本市壽編『良寛——旅と人生』角川ソフィア文庫）。間然するところがない。「ひとり」のあるべき柔軟な境地であろう。

「ひとり」には、多少の厭人感や厭世感があると思われるが、いかなる人間とも交際をしないというわけではない。そんな集団、そんな群れ、そんな仲間に入るくらいなら、「ひとり」のほうがよほど自由で愉しい、ということにすぎない。白洲次郎はある会合に招かれ、襖を開けて、そこに居並ぶメンツを眺めわたすと、一言「なんだ、こんな集まりなのか」といって、帰ったという。

せつない ①悲しさと、無力感と、愛おしさが入り混じった、人間特有のやる瀬ない感情のひとつ。②「さびしい」とおなじで、他人にいっても、ほとんど理解は得られない。

この「さ」行に「先生」という項目を立ててもよかったのだが、この「せつない」に含めることにした。昨二〇一六年夏、わたしが生涯でただひとり、「先生」と呼ばせてもらった空手道師範が亡くなった。「葬式無用、戒名不要」という遺言のほかに「他言無用」もあったのだろう、わたしが先生の死を友人から知らされたのは、亡くなられた五カ月後の初冬だった。

十八歳から一二年間、世田谷区下高井戸にあった道場で稽古をし、先生が道場を畳んで他所に転居されてからの四〇年間は、一度も再会することがなく、便りだけのつながりであった。いい道場だった。琉球古武道も習った。多くの道場生と知り合い、あの頃は楽しかった。年下の道場生でも「さん」付けで呼んだ。昇級審査表に「慢心しないように」と書かれていたことがあり、わたしは赤面した。

先生は技と作法には厳しかった。が、隠棲されてからは、こんな不肖の弟子に、二百歳まで生きるつもり、と茶目っ気のあるお便りをくれたり、何度もお菓子や小物を送ってくれたりと、親しく接していただいた。三船敏郎に負けない古武士風の顔立ちだったが、笑顔は無類にやさしかった。いかなる組織団体にも属さず、地位も名声も求めず、現代に生きる仙人のような、孤高の人だった。おそらく享年八十八。

奥様に手紙を差し上げた。われわれ道場生にとって奥様は、先生の「厳」を「明」で包み込むような存在だった。悲しい返事が届いた。先生からいただいた数十通の手紙を読み返して、往時の先生の姿を偲んだ。人とのせつない縁《えにし》。

青春　①言葉の輝かしさにそぐわない、現実の青春。②もう二度といいかな。べつの男に生まれかわりたくないから、またおなじ青春を繰り返すだけだ。

【そ】

損をする　①「メリット、デメリット」から「リスク、リターン」から「コスパ」へ、どんどん損得勘定意識が強まっていくにしたがい、「結婚することや、子どもをもつことはコスパが悪い」という者まで出現するようになった（ただの文章になってしまった）。②「ひとり」は損得ではなく、必要か不要か、真に欲するかどうかで判断する。

俗物　①常識と形式にズブズブの人間。②人を俗物と批判する者もまた俗物。わたしもテレビばかりを観ては、半可通なことをいう俗物。

しかしわたしとしては、下から俗物を小ばかにしているつもりなのに、上から見下しているように思われることがある。これまで二回「陰険」といわれたことがある。驚いた。本人としては心外だが、態度にそう出ているのだろう。ただ自覚がないから、直しようがない。

「た」行の愉しみ

【た】

竹田市（ふるさと）　①なつかしさが一直線に奔《はし》っていく土地。②人生でもっとも「しあわせ」の記憶に彩られた場所。

わたしは大分県佐伯市で生まれ、父親の転勤で、物心つかないうちに同県竹田市に転居した。五年暮らした。その後家族は、大分市、佐賀県伊万里市、広島市、長崎県佐世保市、長野県松本市、埼玉県の北浦和と転々とし、最終的に東京の練馬区に落ち着いた。生まれたのは佐伯だが、わたし自身のふるさとは竹田市以外にない。貧困も、自我の醜さ（園児や小学生だったのに）も、みじめさも、悲しみもあったのに、想い返してみると、しあわせだった光景だけが蘇ってくる。駅舎の風景、住んでいた魚町、岡城址、広瀬（武夫）神社、どんどん（川の名前）、学校の校舎、校庭にあった大きな楠、夏祭り。いまでは竹田というと、天空の城で一躍有名になった兵庫県の竹田城になるのだろうが、わたしにとっての竹田はあくまでもこっちの竹田である。

まだ「ひとり」ではなかった。和気あいあいの少年時代だった。

旅　①ひとりで行くのが旅、複数で行くのが旅行（ひとり旅はあるが、ひとり旅行はない）。リュックやバッグが旅、旅行ケースやキャリーバッグが旅行。もちろん例外あり。②それぞれにいいところがあるが、旅のほうが、より自由度が高い。用例。「旅と映画はひとりで行け」（出典。二十歳の頃のわたし）。

NHK-BSの火野正平「にっぽん縦断　こころ旅～とうちゃこ」という番組があった。火野正平は昔、女たらしで太々《ふてぶて》しくて好きではなかったから、この番組は久しく観なかった。ところがあるとき、何気なしに観たら、これがすこぶるよかったのだ。火野正平を見直した。灰汁《あく》がすっかりとれ、飄々として、静かで、嘘くささがない。番組自体も余計な会話などがなく静かで、気持ちがいい。芸人やタレントたちの旅番組はうるさすぎる。

そしてなにより、自転車というのがいい（火野が乗っている「チャリオ」はイタリア製の高級車らしい）。自分も走っているような気分になり、いつの間にか、すっかりこの番組が楽しみになったのである（わたしが観ていたのは午後七時の放送。昨年末に終り、残念だったが、よろこばしいことに今年三月下旬に、再開された）。

ひとり旅には、なによりも自由がある。どこに行くのか、何日間行くのか、どのルートを通るのか自分で好きに決めることができる。いつ休息をとるのか、どの店に入るのか、なにを食べるのか、いつ寝るのか、いつ起きるのか、すべて自分で決めていい。自由とはいっても、一つひとつをとってみれば、たいした自由ではない。だが、その小さな自由の総体がいいのだ。

この美しい風景をだれかと共有したいな、と思うことがないではない。しかし、それはひとり旅であることの当然の代償である。旅にかぎらず、なにからなにまで、自分の思い通りになるものではない。

寺尾聰の「SHADOW CITY」と「出航SASURAI」という曲が好きだった。どちらも旅の曲だ。「出航SASURAI」のなかに〝孤独と引き換えに、自由だけを追い求める。生きていく道連れは、夜明けの風だけだ〟というような詞があり、いまだにそのようなさすらう旅への憧れがある。だが、もう諸々の事情で無理であろう。浜田省吾の〝孤独を道連れに、空と道が出会う場所に、かならずたどり着いてみせる〟という「家路」もいい。男のロマン、なんてつまらないことはいわない。

毎週土曜日の早朝五時、夏はあかるく冬は真っ暗だが、近くのマクドナルドまで自転車で行く。そこで二、三時間ほどを過ごす。店内にわたしひとりのとき、窓の外を見ていると、哀愁が見えるようなのだ。勤めていた頃は、よく休日出勤で朝六時頃に御茶ノ水に行った。デニーズで一休みし、会社に行った。人も車もほとんど通っていない静寂の町を歩くと、どこか旅気分に誘われ、心がすこし浮き立つのだった。

愉しみ　①「飲む打つ買う」をなにひとつしない、タバコも喫わないという人が、「なにが楽しくて生きてんの?」といわれたときに、「生きているだけで楽しいからな」といえばいい。②「愉しみ」は当て字だろうか。「楽しみ」は集団（複数）の意味も含んでいるが、「愉しみ」にはひとりのひそやかさがある。ちなみに「愉しい」という表記を覚えたのは、安岡章太郎の小説『陰気な愉しみ』かもしれない。

いまの生活のなかで、一番愉しいことはなにか。わたしの場合、一番は、ない。ないことにしている。二番目は、客の少ない広い喫茶店で、アイスコーヒーを飲みながら、タバコを喫い、イヤホンで好きな昔の音楽を聴き、なにか文章を書くか、本を読んでいるときである。書くのをやめ、本を読むのもやめて、いっときボーッと窓の外を眺めている時間もいい。毎日働いている人には悪いな、という気がないわけではないが、謝るわけにもいかない。時々、セブンイレブンの求人広告で、「7:00－9:00時給九一〇円至急」というのを見るが、見るだけ。

そんな喫茶店で過ごす時間が、よくいわれるような「至福の時間」というわけではない。至福の時間、ってなんだ？　そんなものがあるのか。わたしの場合、そんな時間が愉しくてしようがないというわけでもない。そりゃそうだろう、ただタバコを喫い、アイスコーヒーを飲んだからといって、愉しいなあ、至福だ、と思うわけがない。

気分がもっとも落ち着き、心地のいい、好きな時間だというだけである。幸い、市内にそんな好適な店が一店だけある（あと一、二店欲しい）。もしこの店が閉店にでもなったら、わたしは陸に上がったカッパになるしかない。

七、八年ぐらい前までは、もっぱら市内の公園だった。ここは気分がよかった。が、「公園」の項で書いたように、いつの間にか行かなくなった。たまに行くことがあるが、もう以前のように二時間も三時間ももたない。公園もわたしも、なんだかよそよそしいのだ。歳なのか、前は全然平気だった夏の陽射しがきつく、冬の寒さも身に堪《こた》えるようになったようである。公園には、すまんな、あんなにしてもらったのに、という気持ちである。またそのうち来るからな、と離れる。

「明日からハワイに行ってくるよ」「ああ、それは楽しみですね」――は、会話として自然である。その返事が「おお、楽しんでくるよ」となると、やかましいわ、となる。さらに「楽しまなきゃ損だしな」となると、勝手にやってろ、いちいち口に出していうんじゃない、となる。楽しみは、「しあわせ」とおなじで、人に吹聴するものではない。自分で楽しめばいいのである。「Enjoy!」「Thank you.」であろう。「Sure. I'll enjoy it.」なんてやつはいないだろ。いるのか。いた。「I will.」というカナダ人が。

タバコ　①いまや世間の目の敵《かたき》最筆頭。②パッケージに、喫いつづけると「肺気腫を悪化させる危険性を高め」るぞ、と書いていながら（がんになるぞ、というのはなくなったのか?）、堂々と売られているわけのわからん商品。③実際、煙を喫い込み吐き出すだけ、というバカ嗜好品。

なのに、わたしはこのバカ嗜好品が手放せない。日本人の男の喫煙率が二〇パーセントまで激減しているようだが、わたしはやめるつもりはない。がんが見つかって、医者から絶対厳禁といわれても、やめない。いまさらやめても意味はない（健診を受けないから、がんが見つかる可能性はまずない。だから、見つかったときはもう手遅れである）。酒が好きではないわたしの唯一の嗜好品である。

タバコを喫える店がいよいよ少なくなった。しかたがないことである。タバコを喫わない人に迷惑はかけたくない。しかし座敷牢みたいなケチな喫煙ルームをつくるくらいなら、いっそ全面禁煙にしろよと思う。日本人が発明した「ポイ捨て禁止」は、清潔（潔癖）主義や無菌主義の臭いがして全体主義的であり、「ポイ捨て」という語感も情けない。と思うが、多勢に無勢、喫い殻は携帯灰皿に入れる。

ダイエット ①べつにRIZAPのCMの回転台に乗りたいわけではない。人に見せるのではなく、自分のためである。②小太りの「ひとり」じいさんでも、存在としては当然可能だが、わたしの美意識には反する。大した美意識ではない。

ウソかほんとかわからないダイエット法が次々と出てくる。あの「ロングブレス・ダイエット」は現在も盛況なのだろうか。わたしが体重減のためにやった方法と結果をここで嘘偽りなく報告しよう。ちなみに四年前に、わたしは一日一食のダイエットをやった。その結果、一カ月で7kg、四カ月半で9kg減った。が、そこで堪え切れず、やめてしまった。その後、ずるずると元に戻ってしまったというわけである。

今回やってみたのは、テレビである女医が推奨していた「8時間ダイエット法」である。三食は一日のうち、連続する八時間以内にすませ、それ以外はいっさい食べない、というものだ。八時間以内に三食食べるならカロリー制限はなし、好きな物を好きなだけ食べてかまわないというのが気に入って、試してみることにしたのである。もっとも、好きなだけといっても、もうそんなに食べられるわけではない。

わたしは毎日、昼頃に起きるから、その時間に一食、夜七時頃に夕食を摂るから余裕で八時間以内に収まる（勤め人には厳しいだろう。朝食を抜かなければならないから）。それをとりあえず二週間きっちりと守った（つまり一日二食）。夜七時頃夕食を摂ったあと、翌日の昼まで一切なにも食べなかった（以前は深夜に、スナック菓子やサンドイッチやカップ麺や自作炒飯などなど、なにかを食べていた）。女医は一日10リットルの水も飲めといっていたが、これは無視。運動も一切しなかった。

こんなことまで書く必要はないかもしれないが、その二週間のあいだ、昼に食べたものを参考までに書いておこう。吉野家の牛丼二回、若竹ランチ寿司、キッチン南海のカツカレー、ぎょうざの満州の小炒飯と餃子二回、喫茶店のハム・トースト二回、リンガーハットの皿うどん、フライングガーデンの黒チキン焼きとサラダ、モスバーガーのモスチキン二個、餃子の王将の天津飯と餃子、そして食べなかった日が二日、である。ご覧のとおり、油物や揚げ物、炭水化物ばかりである。

結果は、二週間で2・8kg減である。その後もつづけて一カ月で3・8kg減った。あきらかに効果があった。もちろんこれにも「個人差」はあるだろう。しかし、ジムやサプリメントなどのお金は一円もかからない。その後もつづけた。二カ月後には4・4kg減。七九日後には5・2kg減。九九日目には5・8kg減。この5・8kg減がこれまで最大に減った量である。途中、小さな停滞やリバウンドはいくらでもある。しかし総体的には順調に減量ができたといっていい。
わたしがやっていることは、女性たちの「ダイエット」に比べると、意識としてはボクサーの「減量」に近い。

体力 ①頭のなかのイメージが現実によって壊される、ということを知る一番近いものとしての身体。②階段の二段降り、逆手懸垂五回、腕立て伏せ一〇回は、最低でも軽くできると思っていたのに、それぞれ、すぐ息切れ、〇回、五回というていたらくで愕然とする。

寄る年波、というものではない。ただひたすら怠惰なだけである。「ひとり」の絶対条件である自由を維持するためには、基本的に自由な身体と、それをコントロールする体力が必要である（いうまでもないことだとは思うが、身体障碍とは無関係）。体力の喪失は、自由にとって欠損である。

たまには　①「たまにはいいだろ」と、欲望を解放して下卑たことをする者がいるが（そんなこと、しょっちゅうやってるではないか）、「たまには」とは、その逆で、いいことをするものである。②「たまには」献血をしてみよう、が正しい。

【ち】

調子に乗る　①自分の無根拠な自信を疑うことなく、世間の評価も十分に得たと勝手に思い込み、緊張感のない思い上がった振る舞いが見苦しいさま。②無根拠な自信は、吉凶どちらにも作用する。その自信を自分ひとりでもっている場合は吉だが、関係のなかで示そうとするとだいたい凶になる。しぐさの一例。ソフトバンク・ホークスの松田宣浩選手の「熱男ーッ」（最近「ワンダホー」に変えたらしい）。あれがいいんじゃないか、というファンもいるだろうが、なんだあれ。あつくるしい。

わたしは子どもの頃から、たぶん無根拠な自信をもっていた。おれはどうなるのだろう、おれにできるか、など考えたことがない。できる、「ひとり」で大丈夫、なんの問題もない、と考えた。で、吉凶どっちが多かったかというと、色川武大の「八勝七敗」理論に倣っていえば、吉凶は八勝七敗。調子に乗らない分、一勝の勝ち越しぐらいか。七敗のなかに後悔するものはあるが、それはもうしかたがない。

貯金 ①ない。②もとい。ないことはないが、世間の平均額からいえば、笑ってしまうほど、ない。

年に二〇〇万円もあれば大丈夫、という人もいれば、全然足りないという人もいる。その人の「欲望」の大きさ次第だ。「ひとり」には若い人もいれば年寄りもいる。自分の生活スタイルを保ったまま、とりあえず二年はもつな、というくらいの貯えはしておきたい。あとは、インチキ老舗の秘伝のタレではないが、できることなら「小金を継ぎ足し継ぎ足し」でやっていく。わたしにとっては、昼食代とコーヒー代とタバコ代と、ときに交通費があればいい。

【つ】

付き合い　①双方の自由な合意による交際。②中学・高校時代から、何度も「付き合えよ」とはいわれたが、わたしから「付き合えよ」といったことは一度もない。「付き合えよ」にはたいてい付き合ったが、なぜ人がそんなに「付き合わせたがる」のか、いまだに意味がわからない。

強さ　①腕っぷしの強さと精神の強さがある。両方あるにこしたことはないが、どちらかを選ぶとしたら、もちろん精神。②弱さを理解しない強さは無意味である。③欲しいのは、なんでも「ひとり」で出来、なんでも「ひとり」でやる強さ。

【て】

定年　①人に会うことが激減し、現役の人に声をかけるのも邪魔をしてはいけないなと躊躇し、行動範囲も大幅に縮小し、時間はあっという間に過ぎ、代わりに得たものは、なにをしてもいいし、なにもしなくてもいい自由。②「いいですねえ、毎日悠々自適ですか?」といわれると、「そうでもないけどね」と答えるしかない。

定年になると、なにもすることがなくなって始終妻にべったりついて回り、「おれの昼飯はどうなる?」といっては、「濡れ落ち葉」と嫌がられるなど言語道断。風に吹かれる自由な枯れ葉となったほうが、精神衛生上、健全である。できれば、外でなにかすることがあるといい。

テレビ ①余人は知らず、わたしにとっては必要不可欠のもの。②くだらない番組八割、光る番組二割だが、くだらないもののなかにも、暇つぶしには最適のものがある。

人間がばかだからテレビがばかになるのか、テレビがばかだから人間がばかになるのか、という、卵が先かニワトリが先かに似た論争があるが（ほんとうはない）、そりゃあきらかにテレビのばかが先だよといって決着がついたなと思っていると、そもそもテレビ番組をつくっているのは人間じゃないかとわかって、結局、人間がばかという話。にもかかわらず、わたしは「No TV, No Life」というほど、異常なまでのテレビ好きというばかな話。

すでにお気づきのとおり、本書にもテレビからの話題が度を越して多い。お恥ずかしいかぎりだが、しかたがない。古今東西の格調高き本から引用すれば恰好がつくのだろうけど、そんな柄でもないし、そんな趣味もない。なんせ育ちが俗なもんで（映画「蒲田行進曲」のなかで、平田満演じるヤスがいった科白「これ（と、小指を立てる）がこれ（と、大きくなった腹を表す）なもんで」の真似）。それにテレビもばかにしたものではない。ときに目を瞠《みは》るような番組がある。わたしもいつか本を読む意欲がなくなるときがくるだろう。そのときはテレビだけが命綱である。

お寺　①町の喧騒が疎ましく、心が平安を求めているときに、それを満たしてくれる恰好の場所。「ひとり」に似合う。②現在を離れ、遠く遥かな枯淡の時空のなかに入っていくことができる聖地。③桜や紅葉のシーズンの、満員電車並みに混んだ寺は、もはや寺の意味がない。

【と】

歳をとる　①実年齢と、見た目の社会年齢と、個人としての実感年齢がある。たいてい三つともばらばら。だれ憚ることなく、実感年齢で生きていけばいい。②いまでは表向き、「歳を重ねる」というカッコをつけた上品な表現が主流である。「歳をとる」ではいかにも露骨で土くさく、まんまじじばばくさいというのだろう。しかし、上質な懐紙をふんわりと重ねようと、昔あった粗悪な便所紙と大差なし。ちょっと喩えがおかしいが。

白洲正子の『明恵上人』（講談社文芸文庫）のなかに、明恵の言葉としてこんな言葉がある（明恵上人伝記に依る）。「十三歳の時、心に思はく、今は早十三に成りぬ、既に年老ひたり。死なんこと近づきぬらん」。明恵は八歳のとき、両親を失った。白洲正子はこう書いている。「それから十九の年まで七年間、明恵は本尊の薬師仏に祈りをこめました。『願ふ所は永く世間の栄華を捨てて、名利のきづなにほだされず、必ず文殊の威神に依つて』仏法の奥義を極めんと」

十三歳で「既に年老ひたり」である。驚く。そのうえ、「死なんこと近づきぬらん」という。それが明恵の実感年齢だったのか？

白洲正子は明恵の「ひとり」性について、このように書いている。「明恵にとっては、あの世で救われることも、この世で悟りを開くことも、念頭になかったらしい。そういう意味では同時代の、親鸞や道元からも遠い人で、一宗一派を立てたり、寺を造ることにも興味はなく、弟子さえほしくないといっている位です。まして僧位僧官などには目もくれなかった。『あるべきやう』については、みずからこのような説明を加えています」

こういって、さらに明恵の言葉を引いている。「僧は僧のあるべきやう。俗は俗のあるべきやう。乃至帝王は帝王のあるべきやう。臣下は臣下のあるべきやうなり。此のあるべきやうを背く故に一切悪しきなり」。ということは、明恵にとっての「あるべきやう」は、本来の役割をまっとうせよ、ということか。明恵は本来の「僧のあるべきやう」を自分で考え、それに自分の意味を与えた。それが「ひとり」である。

友だち ①いたほうがいいが、いなくても十分生きていける。②心理的負担になるような者は、友だちでもなんでもない。③水増しして「友だち」の数を増やしても無意味。

小説のなかの一場面。家のそばで男と女が立ちどまる。男はジャン・クリストフの友人オリヴィエ、女は金持ちの娘ジャックリーヌである。「『ぼくたちは、これまで、ほんとに一人ぼっちでしたね！』と彼は言った。／彼はすでにクリストフのことを忘れていたのだった」（『ジャン・クリストフ（三）』新潮文庫）。「一人ぼっち」のせつなさだ。

世にも悲惨なのは、ほとんど一人の友もないということである。おそらく、女の友達や、一時的な友はあるであろう。人々は友というこの美しい名前を濫用《らんよう》している。実際、人生においては、ほとんど一人の友しか持てないものである。そして、そういう友を持っている者もきわめてまれである。だが、この幸福は非常に大きいものなので、友がいなくなると、もう生きていくこともできなくなる。

（『ジャン・クリストフ（四）』同）

学生時代、北浦和の家に友だちが遊びにきた。帰り際、玄関口で父がかれに「男の友だちは一生のもんだからな」といった。かれは後々まで、おまえのおやじさんはこういってたよな、と口にするのだった。だがいまでは、そのかれともまったく会わなくなった。わたしは〝一生ものの友だち〟というものはあるだろうと思っている。相手が男であれ女であれ（女友だちはひとりもいたことはないが）、付き合いの姿勢は「まこと」でありたいと思ってきた。

だからといって、〝一生ものの友だち〟がいなければならないとは思わない。友人関係をつづけるために、無理や我慢をするつもりもない。男であれ女であれ、何事かがあれば（世間的にはつまらないことでも）、わたしはいつでも関係を切ることができる。喜んでそうするわけではない。その結果、極端に友だちの少ない人間になってしまった。しかしそのことを「悲惨」だとは思わない。人は友だちがいなくても当然、生きていける。友だちはいらないというのではない。いなくてもかまわない。

友人たちはみんないいやつだった。しかしその多くは、なにかが足りなかった、もしくはなにかが過剰だった。だが、もちろんそんなことは問題ではなかった。だれだって、なにかが足りず、なにかが過剰だろう。わたしもまた、友人にとってはなにかが足りなかったのだろう。時折、わたしは〝友だち甲斐〟のない偏狭なやつかもしれないと思うことがある。

同調圧力　①場の「空気」などない。場を支配したがる愚劣な人間がいるだけだ。そいつが度を越したなら、反論して、場を「白けさせる」こともやむをえない。②その結果、仲間はずれになることはない。かならず数人、あなたに同調する者がいる。もし仲間はずれになったら、そんなものは「仲間」でもなんでもない。こっちから見限ればいい。参考。英語では「peer pressure」。正確には「仲間圧力」

土地柄　①国民性や県民性というものがあるからには、土地柄というものもあるだろう。②だが、わたしはあまり信用していない。家族柄のほうが上だろう。③その家族柄も、自分柄で変えることができる。

夢野久作によって「九州は日本文化の日下開山《ひのしたかいざん》」、なかでも「博多は日本中の諸芸の都」、その博多のなかでも、「博多の誇りとするに足る不世出の博多ッ子の標本」と書かれた篠崎仁三郎。その篠崎にいわせると、「博多児《はかたっこ》の資格」というものは、「十六歳にならぬ中《うち》に柳町の花魁を買うこと」「身代構わずに博奕を打つ事」「生命《いのち》構わずに山笠《やま》を舁《かつ》ぐ事」「出会い放題に××する事」そして「死ぬまで鰒《ふく》を喰う事」であるらしい（夢野久作『近世快人伝――頭山満から父杉山茂丸まで』文春学藝ライブラリー）。

これは江戸からつづく明治という時代と、九州の博多という土地柄がかけあわされてできあがった民衆の、「漢《おとこ》」や「侠気」を是とする気風であろう。鹿児島の「薩摩隼人」、熊本の「肥後もっこす」、高知の「土佐のいごっそう」などにも、それぞれの気風があるにちがいない。しかし右の博多児五か条も、現在に残っているのはおそらく「山笠を舁ぐ事」だけであろう。

そこでその、フグだが、篠崎がまだ赤ん坊だったとき、その「乳離れしたバッカリ」の口へ父親が「雄精《しらこ》」を入れた。母親がびっくりして、毒にあたって死んだらどうするのと、止めにかかると、父親は母親をこう怒鳴りつけたという。「……甘いこと云うな。鰒をば喰い能《き》らんような奴は、博多の町では育ち能らんぞ。今から慣らしておかにゃ、詰まらんぞ。中毒《あた》って死ぬなら今の中《うち》じゃないか」

こういう親の元で育った篠崎は、「鰒では随分、無茶をやりました」。最初は「一番毒の少ないカナトウ鰒」を食べていたがだんだん慣れてきて、「北枕」というもっと強いフグを食べないと「喰うたような気持になりまっせん」。しかし、これもまた慣れてくるとなんということもなくなる。そこで、「一番恐ろしいナメラ」を食べることになる。それでも満足できなくなり、「ナメラの中でも一番、毒の強い赤肝」を食べるようになる。その「美味さというものは天上界だすなあ」ということだが、篠崎はフグで四度死にかけた。四度目は棺桶に入れかけられた。

実際に死人が出たときの周りの反応がすごい。「馬鹿共が。又三人も死んでケッカル。ほかに喰う品物《もん》が無いじゃあるまいし」「駐在所にゃ届けといたか」「ウン。警察では又かチウて笑いよった（略）」「蓋だけせずに置けや。親兄弟が会いげに来るケニ……」「親兄弟も喜ぼうバイ、此輩《こやつ》どもが死んだと聞いたならホッとしよろう」「結構な死態《しによう》タイ。良え了簡《えきしょく》バイ。鰒に喰われよる夢でも見よろう」「アハハハ。腐った鰒に似とる。因果覿面《てきめん》バイ」

もう、いいたい放題である。ほんとかなあ、と思うが、たぶんほんとなのだろう。人が死ぬことなど、なんとも思っていない。なにかを食べるのも、死ぬのも、自分の責任だということである。それを無理にでも笑いとばす。

全国いたるところに、侠気を競いあう土地土地の風土があるのだろう。子どもたちはそんな青年や大人に憧れて育つ。そのルーツはおそらく若衆宿か傾奇者《かぶきもの》で、晴れの舞台は祭りなのだろう。わたしは大分生まれで、たまに「九州男児だな」といわれたが、その自覚はほとんどない（頑固で侠気があり、さっぱりしていて、亭主関白、ということか？）。一説には、九州男児は福岡や佐賀だけを指すのだという（鹿児島もか？）。

わたしはむろん大分という土地に親近感をもっている。指原莉乃が、わたしが中学一年のときに通った大分の王子中学出身と知ると、勝手に親しみが増す（彼女がクラスでかなり疎外されていたと聞くと、同情もする）。しかしそれはそれで、土地柄は無関係ではないにしても、人の成長に影響を与えるものは、生まれつきと家庭環境だと考える。一番はやはり、生まれつきか。おなじ兄弟なのに、性格がちがうのだ。

中上健次の小説を読んでいた頃は、和歌山の「新宮」という土地に憧れたものだ。実際に行ってみれば、ごくふつうの町なんだろうけど。わたしは、もし竹田で育たなかったとしたら、越中八尾に生まれてもよかったかなと思う。まちがいなく、「風の盆」で男踊りを踊る若い衆になっていただろう。あれは羨ましい。

図書館　①「ひとり」にとっては必要不可欠の場所。②ただし、本好きにかぎる。外出のきっかけにもなる。図書館に向かっているときはなんとなくうれしい。

常連かどうかは知らないが、椅子に座って新聞を見たり、寝たりしているおじさんがいる。かならずしも本好きの人たちではないかもしれない。しかし、それがかれらの「ひとり」の在り方である。図書館員はべつにして、人がとやかくいうことではない。ああはなりたくないな、とは思わない。どんな事情があるかわからない。

「な」行のなるようになる

【な】

長生き　①人生の意味や価値となんの関係もないもの。②どんなに嫌でも、未練があっても、つらくても、悲しくても、さびしくても、終わるときが終わるときである。文例。養老孟司「だから、健康な間だけ生きていりゃいいんですよ、長生きってなんですか？」（養老孟司＋南伸坊『老人の壁』前出）。

寝たきりの長生きはつらい。「不老長寿」という言葉がある。「長寿」は「不老」とセットでなければならない。「不老」は無理だから、せいぜい、元気長寿である。これなら長生きも悪いことではない。

なつかしさ ①いい人間に戻れる時間。無声映画のなかの光のような人たち。ほんとうに幸せだった場所。②現在の世相のばかばかしさ、騒々しさ、嘘くささにたいする腹立たしさとうんざり感からの逃避。

美化された記憶、あるいはほんとうに美しい記憶だけが呼び起こされる。いまは失われた風景。家並み。城址。神社。山。川。汽車に乗っている家族。笑いあう人々。同時に、その記憶のなかにいる自分は、無垢で、ひたすらに生きていた、いまは失われたもっともよき自分である。むろん、現在が猥雑で、いけ好かないのなら、過去のどの時間もまたそれなりに猥雑で、いけ好かなかったはずである。しかし、なつかしさのなかに蘇るのは、いつの時代もグッド・オールド・デイズである。

四国巡礼は「同行二人」。自分と弘法大師。ひとりの人生では、弘法大師のかわりに亡くなった父や母としてもいい。このひとりを愛し、このひとりに愛されたという人でもいい。友でもいい。むろん、その全員でもいい。しかしあるとき、「思い出だけでは生きていけない」という女の人を見た。これは現実のつらい言葉だ。「ひとり」の人か？　つまらない男やモノに倚りかからずに生きていってほしい、と願わずにはいられない。ただし、なつかしさも、倚りかかるものではない。

なせばなる　①「為せば成る」の成った人、だけに通用する言葉。「夢はかなう」も、かなった人だけに通用するのとおなじ。②ふつうの人に一〇〇メートルを一〇秒で走れというのは無理だが、しかし、たいていのことはやはり「なせばなる」である。二〇〇〇年前、飛行機が空を飛んだり、ロケットが宇宙に行って還ってくるなど、いったいだれが想像できただろうか。

よく知られているが、元々は米沢藩主の上杉鷹山が家臣に与えたとされる歌。「為せば成る為さねば成らぬ何事も成らぬは人の為さぬなりけり」。ネットの「故事ことわざ辞典」によると、それ以前に、武田信玄に「なせば成るなさねば成らぬ成る業を成らぬと捨つる人のはかなさ」があり、上杉鷹山はそれを変えて詠んだ、とあるが、ほんとうかどうかは知らない（三冊ほど大部の「故事・ことわざ・成語」辞典にあたってみたが、この信玄の言葉は見つからなかった）。

これは個人の不退転の決意や気構えを説いたものであろう。鷹山のことだ、藩が一人ひとりの武士を、死ぬ気でやれ、なせばなるのだ、と追い込んだわけではない。それに鷹山は率先垂範した。ところが、いまの会社のなかには、たとえば電通の鬼十則のなかに「取り組んだら放すな、殺されても放すな、目的完遂まで……」とあるように、会社（実際は具体的な上司）が社員個人をとことん追い込むものがある。神様がつくったものならいざ知らず、そのへんの仕事漬けの頭の悪い人間がつくったものを、文字どおり信じ込んで、個人を病や死に追い込むなどあってはならないことである。

いずれにせよ大切なことは、なるかならないか、ではない（それも大事だが）。なそうとしてギリギリまで力を尽くそうとする自発的意思である。たしかに「為さねば成らぬ何事も」である。それでも、なるものはなり、ならぬものはならない。あとは「人事を尽くして天命を待つ」か「果報は寝て待て」でいい。しかし、なんの天命もこず、なんの果報もないことがある。しかたがない。それも人生である。

なるようになる ①人間の真実のどんづまり。この言葉ひとつで、世の中を渡っていくことができる。②あらゆる努力や人事の果てに、それでもならないものはならない。なるようにしかならない。

美しいものは美しい。うまいものはうまい。この先は、説明のしようがない。人間の運・不運はある。なにが運と不運をわけるか、だれもいうことができない。「しかたがない」という日本的諦念を好きではない、という欧米人がいる。『人間を幸福にしない日本というシステム』のカレル・ヴァン・ウォルフレンや、元サッカー日本代表監督のイビチャ・オシムである。たしかに、「しかたがない」は、事と次第によっては戦う前に戦意喪失の敗北主義になる。

しかしこれには、なるものはなり、ならないものはならない、という日本的（？）諦念があり放念がある（根本は自然法爾《じねんほうに》なのかもしれない）。欧米人は、人間の意志というものを信じすぎている。あまりにも「合理」で考えすぎる（だから「リーズナブル」ばかりいう）。自分自身を見れば、いかに不合理な人間かがわかるだろうに。しかし、最近の日本人にも「しかたがない」ということを受け入れず、自分の思い通りになららないと気が済まない人が増えてきた。

もういちいちめんどくさいことはいいではないか。人生を殊更に難しく考えることはない。なるようになると構えて、一事に力を尽くしまじめに、ときにふらふらと、生きていけるところまで生きていけば十分である。

なまり ①人に指摘されて、あるいは異郷の人の言葉を聞いて、自分の存在証明のひとつだったのだと気づくもの。②意地と自慢と恥辱の三つ巴の葛藤のなかにある言葉。③なまりに優劣はない。用例。あまりにも有名な石川啄木の歌。「ふるさとの訛なつかし停車場の人ごみの中にそを聴きにゆく」

わたしの言葉は大分弁と佐賀弁と広島弁と東京弁の混合で、もうぐちゃぐちゃである。十八歳ではじめて東京にきたときは、「なるほど」とか、「そうね」の「ね」に驚いた。前者は文章のなかにしかない言葉で、後者は女言葉に聞こえたからである。上京したとき、おれは絶対に地元言葉を使いつづけるぞ、という気はまったくなかった。多勢に無勢である。いまでは自分が「そうね」とかいっている。現在では「～しちゃった」が全国的に普及しはじめているようだ。関西でも九州でも使っているらしい。まさに隔世の感がある。しかし都会言葉は、田舎に帰ると恥ずかしい。

七十年代あたりは、まだ都会人が田舎言葉を嗤《わら》っていた。なまりで苦労した人も多かったにちがいない。「かっぺ」という侮蔑語があった。それがいまでは死語となり、田舎言葉を嗤わなくなったことは進歩である。むしろ、個性としておもしろがるようになった。わたしは時々アクセントがおかしいらしい。「人形」を「**にん**ぎょう」というと、生意気な東京育ちに「にん**ぎょう**」と訂正されたりするのだ。もちろん、変えるつもりはない、というより、身に沁みついていていてもう変えられない。

泣く　人間の強さ弱さ、勝ち負けなどの余計な評価が付与される感情。用例。いまさらこんな例もナンだが「泣く子と地頭には勝てない」。実際、「泣く子」には勝てない。いくら幼児だからといって、あんなに全身で泣き叫ばなくてもいいではないか、と思う。わたしはやらなかったぞ。あるいは「鬼の目にも涙」。

「三回、泣けます」という映画や本がある。「男泣き」といえばいまだに特別なことのように注目される。テレビカメラは「よし、泣いたぞ」と涙のアップを撮ろうとする。涙は人を惹きつけるのだ。怒りの感情はばかで、歓びは単純で、笑いは一瞬だが、涙は心と直結していて、なにやら価値があるように見えるのである。

「男だって泣いていいんだよ」という人（フェミニスト）がいるが、おまえさんはいったいなんの資格で許可をあたえているんだ、と思う。ご丁寧に、つらいときは、つらいといっていいんだよ、我慢することないよ、という者もいるが、ほっといてもらいたい。といって、男は生涯で三度だけ泣けばいい、という言葉があるが、そんなばかなことはない。男だって、泣くときはそりゃ泣くさ。

「わたし、悲しいときはもうおいおい泣くの、中島みゆきを聴いて。そうするとすっきりするのよね」という女の人もいて、泣くことのカタルシスの効用を語るのだが、まあそういうことはあるかもしれない。好きにしなさい、というほかはない。自分が守ることができているかどうかは別にして、わたしはいまでも「男なら泣くな」という古来からの戒めが好きである。涙もろい男がやさしいのではない。涙もろい女がかわいいのではない。涙は、その人間のなにものも保証しないのである。保証しないが、「男なら泣くな」というのが好きなのだから、しかたがない。

【に】

人間　①すべての無（自然）に意味と価値をつけて、歴史と文化をつくってきた恐るべき動物。②史上最高の意味は神様。二番目は自然権。

致命的なことは、その「意味」と「価値」の運用に失敗したこと。両方が入り混じって、収拾がつかなくなった。もし必要なら、「ひとり」は、自分だけの「意味」と「価値」をつくればいい。

日本人　①つねに他人（他国）の評価を気にしている自意識過剰な民族。卑屈と傲慢が同居。②職人の技能は世界でも一流だが、不当に軽視されている。

「フランス人から見たら日本女性は不思議だ」というネット記事を読んだ（「東洋経済オンライン」二〇一七・一・十七）。執筆者はレティシヤ・ブセイユというフリーの女性ライターである。彼女は二〇〇九年まで高校のフランス語講師として日本に住んでいた。当時、「20代だった」というから、現在は三十代半ばだと思われる。

で、その記事がどうしたのだ、というと、こうである。今年の正月に「40代の日本人女性の友達」から年賀状が届き、そこには、毎年変わらない「今年こそ、結婚できますように！」というメッセージが書かれていて、それが「ますます悲しく聞こえてきた」というのである。日本に住んでいたとき、周囲の日本の女性たちとよく茶飲み話をしたが、そのときに彼女たちはきまって「結婚」の話題を持ち出した。そんなときの「お決まりの質問」が、「彼氏いるの？」「どんな人がタイプ？」「結婚は何歳までにしたい？」だった。

自分は結婚できるのか、という、多くの日本の女性たちの不安に駆られた姿が見えるようである。結婚は彼女たちの最大の関心事であり（芸能人の結婚・出産報道の多さ）、昔に比べて社会の圧力は弱まったとはいえ、いまなお一般女性にとって結婚は、強迫観念にも似た根強い圧力となっている。好きな人ができたから結婚したい、ではなく、頭のなかに最初から「結婚」という大看板が立っているのだ。日本の女性は（ということは、男も）依存心が強くて自立心の薄い、弱くて哀れな存在である。

だから、人のことが気になってしかたがない。「彼氏いるの？」「どんな人がタイプ？」

「結婚は何歳までにしたい？」というのは、弱さの証拠である。レティシヤ・ブセイユはこういっている。フランスでは「『好きな男性のタイプ』などという、出会い系サービスの面接で聞かれるようなストレートな質問はあんまり出ない。そもそも、フランスの女子会では恋愛話のお決まりメニューが、たぶん、ない」。それに「フランスの社会では、『何歳までに結婚しないと恥ずかしい』といった暗黙のルールは存在しない。何歳になっても結婚をせずに同棲を続けるカップルだって多くいる」。

日本では、恋愛話だけではなく、「お決まりメニュー」の話題は揃っている。これはわたしの感想だが、たとえば「血液型は？」と訊《き》く。「お酒はどれくらい飲むの？」「煙草は一日に何本喫うの？」「休日はなにしてるの？」。子どもには「いくつ？」「将来の夢はなに？」。こんなことはまだいい。テレビでは芸能人に「モテるでしょ？」「初キスはいつ？」「初体験は何歳のとき？」「収入はどれくらい？」と訊く。じつにくだらんのである。訊いてどうするんだ？　こんなどうでもいいことを訊きたがるのは、世界のなかでたぶんガラパゴス日本だけである（知らないが）。

「ひとり」者にたいする「さびしくない？（さびしいに決まってるよな）」もそうである。「まあ、さびしいな」といえば、「そうか。でも、みんなおなじだよ」とわけのわからん見せかけの同情となり、「そうでもないよ」というと「無理すんなよ」と、期待はずれのいらつきとなる。どう答えても、質問者の思うつぼなのである。一見、なんでもない穏やかな質問のように見えて、思い通りの答えをさせようとしているのだ。

未婚の女性は、おなじ未婚の女性の現状が気になる。だもんだから、晴れて結婚できた女のなかには、未婚のそれほど親しくない女友だちにまで、結婚式や新婚旅行の写真を、妊娠したらしたで大きい腹の写真を、出産したらしたで赤ん坊の写真を、「LINE」で送り付けるタチの悪い女がいるらしい。結婚でき、子どもまでできたことがよほどうれしかったのだろうが、これまた哀れである。

ちなみに、レティシヤ・ブセイユの「レティシヤ」という名は、一九六七年に公開されたアラン・ドロンとリノ・ヴァンチュラ主演の『冒険者たち』で、ジョアンナ・シムカスが演じた役名を思い出させる。その映画の影響で当時、フランスでは女子の赤ん坊に「レティシヤ」(たぶんLaetitia)と名付けるのが流行ったらしい。劇中のレティシヤは最後に死んでしまうのだが、日本人なら縁起でもないとか不吉だと思うところを、フランス人はまったく意に介さなかったようである。映画も主題曲もよかったが、あのときのジョアンナ・シムカスは最高だった。結婚してがっかりしたが、相手がシドニー・ポワチエだったので許してやった。

【ぬ】

ぬるま湯 ①のんびりできる適温のようにいわれるが、寒いわ。②平和ボケでなんの緊張感もない日本人（日本社会）を小ばかにするときにも使われる。

ぬるま湯に、極楽じゃと浸かっていたカエルが、徐々に加熱されても気がつかず、やがて熱湯のなかで茹でガエルになって死んでも気づかない、という「茹でガエル」論で、日本人の政治意識の鈍感さが揶揄されるが、いくらなんでも途中で気がつくだろう。よくできた話ではあるが、それで死ぬのならそれも人間の業。ほら、こんなに熱くなってるぞ、気がつかないのか、と無暗に騒ぎ立てるほうにも罪がないとはいえない。人間社会に正確な温度計はない。

【ね】

猫　①かわいい小動物。そのまま。②犬は依存するが、猫は独立心が強い、と無理に「ひとり」に結びつけるつもりはない。③「肉球」という言葉を知った。

昔、家で「ミー」という猫と「コロ」という子犬を飼ったことがある。「ミー」は広島から佐世保に転居するとき、泣く泣く置き去りにした。ほんとに可哀想だった。「コロ」はその佐世保で飼ったが、車に轢かれて死んだ。「コロ」という名前がよくなかったんだ、と悔やんだ。それ以後、ペットは飼わない。

寝る　①以前ほど、寝ることが楽、とは思わなくなった。②いつ寝てもいい、いつ起きてもいい、という状態は、良し悪しである。

歳をとると、睡眠時間が短くなり朝早く起きるようになる、と聞いていたが、まったくそんなことがない。一〇時間でも寝ることができる。夜も八時頃になると眠くなり、二、三時間うたた寝することも多い。一日に四時間ほど寝たら、頭も体もすっきり、というのならどんなにいいか、と思う。

ご飯を食べた後は、すぐ横になる。もう小学生の頃からの癖で、体が楽なのだ。いつも母から「牛になるよ」といわれたものだが、そんなわけのわからん脅しが効くはずもなく、直らなかった。いまでも食後すぐ横になり、手で頭を支えてテレビを観るのが好きである。人生の半分は、横になったまま過ごしてきたのかもしれない。

妬み　①自分に自信のない杭が、自分よりすこし上に出る杭を、自分より下に貶めようと叩いて、なんにもならない虚栄心を満たそうとする自滅的感情。②自分よりはるかに突出した杭にたいしては、はじめからあきらめて降参している。

妬み、嫉妬、羨望、といわれるが、多くの人は、いわれるほどこの感情にとりつかれることは少ないのではないか、と思われる。あったとしても、「ああ、いいなあ、羨ましいな」と一瞬思うだけで、いつまでも引きずることはないのではないか。先にふれた女性たちの「結婚」話にしても、四六時中「結婚」のことで頭がいっぱい、というわけでもなかろう。案外、人はリアリストである。

わたしもたぶん、人を妬むことは少ないほうである。羨んだりすることも、まずなかった（そういえば、二〇万部も売れる本はちょっと羨ましい）。人の持ち物を欲しいと思ったこともほとんどない。学歴も容姿も社会的地位も所有物も経済力も趣味嗜好も、たぶん、自分はこれでいい、これが気に入っている、と自足することができるからである。自足のレベルが低いんだろ、といわれればそうかもしれないが、自足していれば高いも低いもないのである。

こうだったらよかったのになあ、と思ったことがまったくなかったわけではない。中学二年の頃から、もっと明るくはしゃぐことができる性格だったらなあ、とは思った。自分ではふつうのつもりなのに、どうやらわたしはネクラで無口でおとなしい、と見えるようだった。剛胆な心も欲しかった。が、結局失敗したようである。一七、八歳の頃、身長が一八〇センチになりたかった（ヘンな文章）。あと四、五センチ。が、これは自分の努力ではどうにもならない。これもあきらめた。もうこの性格と体格でいくしかないな、と思ったのだ。

憧れはいくつかあった。自分の努力で変えることができることなら、変えようとした。人を貶めて自分が上位に立とうとしたことはなかったはずである。だが、根本の性分だけはなかなか自分の思うようにならない。それはもうしかたがない。どうやら、おれは女には好かれないようだな、と思った。その結果、ひとりで生きていくことになるのなら、それでもいいか、と思ったのだった。

そういえば、車の運転ができたらよかったなあ、とは思う。酒はどうでもいいが、車は惜しいことをしたと残念である。昔のアメリカのテレビドラマ「ルート66」のように、友人との車の旅に憧れたのだが、しかし、これもいまさらいい。いまは、お金がもう少しあったほうがいい、と思うが、これは努力次第。

【の】

野垂れ死に　①ただの「行き倒れ」にすぎないのに、逆ヒロイズムの意味に転化させようとする死。②一瞬で死ぬならどこで死んでもかまわないが、酷暑や酷寒のなかでじわじわ死ぬのはご免こうむりたい。格好をつけて、軽々に「おれは野垂れ死にでいいよ」など、いわないことである。

乗りツッコミ　①関西の芸人が発明した、世界に誇るギャグの手法。よく考えだしたものだと感心する。しかし実際に世界に通用するかどうかは知らない。②素人（関西人も含む）は真似ないほうがいい。鼻白む。

その最高傑作はかつて松本人志と今田耕司が演じた「MR・ベーター」である。それはいいのだが、なんの必要あってこの項目を本書に入れたのか、意味がわからない。

のんびり　①無為徒食の日々のなか、だれからも紐をつけられずに、風船のようにたゆたう心。②「ひとり」はそれを最上の状態と見なす。もう少しよくいうと「飄々」となる。③ちょっとだけ僥く、壊れやすい。

評判の佐藤愛子の『九十歳。何がめでたい』（小学館）を読んだ。佐藤は八十八歳で最後の小説『晩鐘』を書いてから、「のんびり」の生活に入った。そのはずだったのに、「気が抜けて楽しくない」。毎日起きても「別にすることも」なく、「気力が籠らない」。それで「だんだん、気が滅入ってきて、ご飯を食べるのも面倒くさくなり、たまに娘や孫が顔を出してもしゃべる気がなくなり、ウツウツとして『老人性ウツ病』というのはこれでは」と思ったりした。「人間は『のんびりしよう』なんて考えてはダメだということが、九十歳を過ぎてよくわかりました」

すごいな。九十になっても「のんびり」はだめなのか。わたしは六十歳でもうなにをする気もなく、のんびりしようと思ったのである。で、実際にそうなったのだが、たしかにとくに「楽しくはない」。ただ、気には入ってる。なにをしてもいいし、なにもしなくてもいい、という気楽さがいい。人によっては情けない、と嫌悪されるかもしれない。まあわたしの性格である。

ちなみに、「九十歳」という年齢について、佐藤はこういっている。人から「九十といえば卒寿というんですか。まあ！（感きわまって感嘆調）おめでとうございます。白寿をめざしてどうか頑張って下さいませ」といわれる。佐藤は内心「『卒寿？ナニがめでてえ！』と思っている」。ほんとだ、なにがめでたいのか、よくわからない。わたしが還暦になったとき、なにが還暦だと思った。だから、赤いちゃんちゃんこは着ていない。なにかね、あれは。

タクシーの年輩の運転手と佐藤愛子の会話。かれがこうこぼす。孫がガラケーだのスマホだの「わけのわからんことをえらそうにいいやがって」「じいちゃん、そんなことも知らなくてよく生きてこられたね、なんていいやがるのです」。このあとがいい。「てめえが発明したわけでもないのに、えばりやがって……」

ありますな、こういうことは。自分が作ったわけでもないのに「アンジャッシュ」の渡部建に「な、な、このお肉すごいだろ！」と威張る寺門ジモン。自分の力でもないのに、街中を車で猛スピードで走って「どうだ、はええだろ。カッケーだろ。おれもスゲーだろ」。自分の努力で獲得したわけでもないのに「どうだ、顔もスタイルもかっこいいだろ」。自分で稼いだわけでもないのに「うちのお父ちゃん、お金持ちなの」。

ノーマン　①ピーター・ノーマン。一九四二－二〇〇六。オーストラリアの白人アスリート。一九六八年十月に行われたメキシコ・オリンピックの男子陸上二〇〇m走の銀メダリスト。②帰国後、迫害され、三八年後、失意のうちに死んだ。信念の男。

陸上二〇〇mで優勝したのはアメリカ人の黒人選手のトミー・スミス、三位はおなじアメリカ・チームの黒人ジョン・カーロス。二位に入ったのが無名だったピーター・ノーマンだった。当時二十六歳。表彰式で国旗掲揚が行われるなか、スミスとカーロスは表彰台の上で頭を垂れ、スミスは黒い手袋をした右拳を、カーロスはその片方の手袋をした左拳を、天に向かって突き上げた。アメリカ国内の人種差別にたいする抗議の意思を示したのだ。ノーマンは両手を下げたまま、国旗のほうを見上げている。

アメリカでは一九六四年に公民権法が制定されていたが、それ以後も差別事件は多発した。オリンピックの半年前、マーチン・ルーサー・キング牧師が暗殺された。スミスとカーロスはそんな国内事情を世界に訴えたのである。ノーマンは表彰式の前に、二人からその示威行為を知らされていた。ノーマンはかれらに連帯し、胸に二人とおなじ「人権を求めるオリンピック・プロジェクト」のバッジをつけて表彰式に臨んだ。国際オリンピック委員会（ＩＯＣ）は、オリンピックに政治的主張を持ち込むことを禁じているオリンピック憲章によって、スミスとカーロスを即座にオリンピックから追放した。

わたしは当時二十一歳。この二人の黒人選手の行動をテレビや新聞で見てはっきり覚えている。二人の行為に（それは「ブラックパワー・サリュート＝黒人差別に対する示威」と呼ばれる）、一種のヒロイズムを感じ、共感した。二位の白人選手のことはまったく記憶になかった。かれがピーター・ノーマンという名だったことなど、知るわけがなかった。今回初めて知ったのである（フジテレビ『奇跡体験！アンビリバボー』二〇一七・一・二十六。この番組は時々、非常にいいものを作る）。

オーストラリア国民はノーマンの偉業に熱狂し、英雄に祀り上げた。ところが、ノーマンが二人の黒人の行動に連帯したとわかると、一転してメディアはかれを叩きはじめた。家には脅迫状が舞い込んだ。妻は去った。当時のオーストラリアはアボリジニやアジア民族を差別する白豪主義（やっと一九七五年に「人種差別禁止法」が制定された）の時代である。しかしノーマンは、牧師の父から、肌の色や生まれた場所なんか関係ない、人間はみんな平等なんだと教えられて育った。かれは大バッシングを受けたあと、高校で体育を教えながら、精肉店でアルバイトをした。ミュンヘン・オリンピックの代表からも締め出された。わたしが感じた「ヒロイズム」など、愚の骨頂だったのである。

ノーマンは甥のマット少年にだけ、なぜ自分がかれらに連帯したかを語った。かれはインタビューでこういっている。「かれらはすべてを失うことを覚悟で拳を突き上げたのです。それに比べたら、わたしがした行為なんて大したことではありません」。晩年、ノーマンはウツ気味になり、アルコールに依存するようになり、アキレス腱のケガに悩まされたという。二〇〇一年、ノーマンが五十九歳のとき、ひとりの青年映像作家がノーマンの名誉回復のために、かれのドキュメンタリー映画を撮りはじめた。かつてのマット少年だった。

二〇〇六年、ピーター・ノーマンは心臓発作でこの世を去った。六十四歳。トミー・スミスとジョン・カーロスが葬儀に参列し、盟友ノーマンの棺をかついだ。二年後、マット・ノーマン監督の「サリュート（敬礼）」が完成した。世界六カ国で上映され、オーストラリア内外で八つの映画賞を受賞した。日本では観られない。二〇一二年、オーストラリア議会はノーマンに謝罪をした。

「ひとり」で立ちつづけた人。ピーター・ノーマンはなりたくて「ひとり」になったのではない。周囲から疎外されて、なったのである。

「は」行のひとりぼっち

【は】

バカ者　①自我（私利私欲）の開放しか頭にない無神経な人間。小狡い者からできそこないまで幅広く分布する。昔は、死んだら治ったが、いまのバカは死んでも治らない。②学歴など関係がなく、本質的に頭の悪い者。③バカになれ、仕事一途に邁進せよと、一部、褒め言葉として使う向きもあるが、おおむね自己満足に終わること多し。用例一。「バカがしあわせになると手がつけられない」（出所不明だが上出来）。用例二。「いかなる賢者も権力をもてばおかしくなり、『三年でバカになる』という諺もある」（諺の出典不明。山本七平『帝王学――「貞観政要」の読み方』日経ビジネス人文庫から孫引き）。

バカリスト抜粋。愚行をYouTubeに投稿して必死に目立ちたがる者。天下り斡旋の文科省。牛丼を食べるな、というおっさん。店員にTカードを放り投げるおやじ。税金逃れをして家に踏み込まれるとキレるバカ。店ががらがらなのにこっちのすぐ隣に座る意味不明なやつ。宮城県知事に「いいか、おまえ」と説教を垂れた元復興担当大臣。書を書くときは中国服が最適と嘘をいった前東京都知事。「限定一〇〇名様」と何カ月もいっているテレビ通販。スマホは体の一部といっている若者。乳幼児を虐待しているくせに、「しつけ」と称していい逃れようとする親。事故で電車が止まると、駅員を怒鳴りつける乗客。借金返済のために人を殺して捕まるやつ（借金を踏み倒せばいいのに、倒錯した律儀さ）。

恥　①恥を知る者は、弱い。恥知らずは、行動に規制がかからないから、強い。しかしそんな強さは欲しくない。②もう二度とこんなケチくさいことはしないぞ、と心に誓うようになるきっかけ。③なにを恥と感じるかは、その人間の質による。参考例。

清武弘嗣のセビージャからセレッソ大阪への復帰についての、セルジオ越後の言葉。「日本に戻ってくること自体は決して恥ずべきことじゃないよ」

ばあさん ①自我の醜さの露骨度が増すごとに、おばあさん↓ばあさん↓ばばあ↓くそばばあ、と退化していく（じいさんもおなじ）。②その分布図は都会ほど退化の度合いが高く、田舎はまだ低いと推測されるが、確証はない。

じいさんに「じじい」という項目を立てたのなら、ここは「ばばあ」でいくべきではないか、というのは正しい。最初はそうしていた。しかし、調子に乗って、そんな言葉を公の場で使うのはよくないな、と反省したのである。いまさら遅いが。だったら「じじい」の項目も「じいさん」に変更すべきじゃないかというのは正しいが、じじいはいいだろ。

「おばあさん」は希少となり、いまや世間のいたるところに、娘並みの軽薄な言動をしては悦に入っている年寄りの女の人が多い。自我の強さは若者も年寄りもおなじである。これまでで一番印象に残っている、わたしが好きなおばあさんの参考例。農家の縁側で、「おばあちゃん、お元気ですねえ、元気の秘訣はなんですか?」と形だけで訊いてくるレポーターに、「おら早く死にてえ」といって一瞬レポーターを絶句させたおばあさん。いいねえ。そういうじいさんになりたい。

パートナー ①妻(家内)や夫(旦那)という呼称を主従関係の表れとして認めない男女が、互いをこのように呼びたがる(のか?)。しかし、いまだ日本語としては落ち着かない。②亭主側からは、妻、家内、家人、ウチの奥さん、ウチの嫁、カミさん、連れ合いなどの呼称があるが、いずれでも呼びたくないという亭主はいる。さりとてパートナーも嫌である。③事業の提携者にも使われるが、ここでは不要。

河合隼雄はこのようにいっている。老後、「一人でも落ちついて楽しく過ごしている人もある」。しかし「一人の楽しさをみせびらかして生きているような人」は「偽物であることが多い。本当に楽しい人は、もう少し静かである」。老人にかぎらない。何事につけ自分を「みせびらかし」、うるさい人間は、自我がだだ漏れしているのだ。河合は「パートナー」を次のようにちがう意味で使っている。

一人で楽しく生きている人は、心のなかに何らかのパートナーを持っているはずである。もちろん、そのパートナーは人によって異なる。「内なる異性」のこともあろう。母なるもの、父なるもの、かも知れない。「もう一人の私」と表現されるかもしれない。ともかく「話し相手」が居るのである。人間は自分の考えを他人と話し合うことによって、随分と楽しむことができるし、客観化することもできる。一人で生きてゆくためには、そのような意味で「二人」で生きてゆくことができねばならない。

（『こころの処方箋』新潮文庫）

その内なる同行者は、自分を後ろに引っ張る人ではなく、前進させる人でなければならない。内なる伴走者、といっていいか。それは自分次第である。「二人で生きている人は、一人でも生きられる強さを前提として、二人で生きてゆくことが必要である」「一人でも二人、二人でも一人で生きるつもりができているか、それをどの程度やっているかなどについて自ら知っていることが必要である」。これができれば無敵だ。

ひとりぼっち　①「ひとり」でさえ世間から忌避されるのに、「ぼっち」というわけのわからん、そのくせなにやら止《とど》めを刺されるような接着語でさらに強化されて、どうにも救いのない人間の態様。②だが、もちろん救いはある。文例。ロス市警のハリー・ボッシュ刑事が十五歳の娘マデリンにいう。「ひとりで充分さ。なにごともひとりからはじまる」（マイクル・コナリー『転落の街（下）』講談社文庫）

「ひとりぼっち」の語源が「独り法師」であることは、いまや知られたことであろう。ネットの「語源由来辞典」には「宗派・教団に属さなかったり、離脱した僧侶の境遇をいった言葉で、あてもなく世の中を彷徨い歩くことを『独法師の三界坊』ともいった」とある。「だいだらぼっち」も元々は「大太郎法師」と書く、というネット・ページもある（こういうとき、ネットは有用だ）。「大太郎」とは「大人《おおひと》」のことで、一寸法師の対極だとされる。しかし現在では、こんな由来はほぼ無意味に等しい。

蛭子能収の『ひとりぼっちを笑うな』（角川ｏｎｅテーマ21）はおもしろかった。蛭子能収は平和主義者で、ゆるぎない信条をもち、相当にしたたかで、正直であけすけで、そのくせすぐに弱音を吐き、ちょっと無神経。しかし、かれには妻子があり孫もいる。ひとりぼっちではない。かれは強いていえば精神的ひとりぼっちである。自由主義者であり、そうとしか生きられない人である。わたしはかれほど正直でも無防備でも強くもないが、立ち位置は似たようなものである。

クリスマスを恋人や家族とではなく、ひとりで過ごす人のことを「クリぼっち」というらしい（なんじゃこの日本語！——俳人夏井いつき氏の真似）。二十代三十代の男女の五二パーセントがそうだという。意外と「ひとり」が多いことに驚くが、どうでもいいアンケートである。言葉も情けないが、「オレはクリぼっちだよ」と不貞腐れている様子も情けない。それにつけこんで「おひとりさまクリスマス」の市場が拡大しているという。もうなんでもかんでも金儲けだが、元々「おひとりさま」という言葉が飲食店やホテルや旅行会社などの商売絡みだった。

山折哲雄『「ひとり」の哲学』（新潮選書）を読んだが、これまたおもしろかった。「世間では、このひとり暮らしの『ひとり』をことさらに貶める風潮が増えてきている」「それにしても今日、『ひとり』であることがあまりにも悪者にされてはいないか。なぜならその孤立死、孤独死などの、マスコミから発せられる声高なステロタイプの合唱からは、ひとりで死んでいく人間の内面を侮辱する声、冒瀆する言葉しかきこえてこないからだ」

山折は法然、親鸞、道元、日蓮、一遍らによって、「ひとり」の生き方の系譜を追う。いずれもビッグネームの僧侶ばかりである。市井で生きる「ひとり」にとっては、話がちょっと大きすぎるかなとは思う。それに、「ひとり」で生きるのには、やはり「哲学」とやらが必要なのか、という気もするが、必要かも知れぬなと思いなおす。世間がなんといおうと自分は「ひとり」が性に合っているのだ、という人はいい。

そうでない人は、無責任な言葉で決めつけてくるマスコミや、世間からの圧力に抵抗するために、そしてそんな勢力につけこまれてふと弱気になってしまう自分を支え、「これでいいのだ」と立ちつづけるために、なにがしかの「哲学」は必要である。「哲学」が大げさなら、単純に「考え」としてもいい。いやそんなものは不要だ、覚悟ひとつあればいい、という人がいるなら、それでいい。

山折哲雄は「心の内から満ちてくるものがなければ、『ひとり』はただ空に浮かぶうたかたのような、風船のごときものであるにすぎない」といい、夏目漱石にふれてこういっている。「漱石はもしかすると、わが千年の歴史のなかに浮き沈みしてきた『こころ』と『心』のあいだを行きつ戻りつしながら、悩みつづけていたのかもしれない。その漱石の苦悩のあいだからすけてみえてくるのが『ひとり』で生きていくことの難しさであり、『ひとり』という存在から浮き上る寂しい孤独の姿である」

山折自身は「心の内から満ち」ている「ひとり」なのか、それとも、「『ひとり』で生きていくことの難しさ」と「寂しい孤独」を感じている「ひとり」なのだろうか（かれは妻と住んでいる）。むろん、感じていけないことではない。人は好むと好まざるとにかかわらず、否も応もなく、「ひとり」で生きることを余儀なくされることがある。それでも生きてゆく。それを「ひとりぼっち」といわれ、「孤独死」といわれようと、どうでもいいことである。なのに、さらに自分で自分を「みじめ」だ、「さびしい」、「孤独死するのか」と追い込むことは百害あるだけで一利もない。

「これでいい」は「これでいくしかない」と紙一重。「なるようになる」は「なるようにしかならない」と裏腹。人にできることは、今日一日をきちんと生きてゆくことだけである。さびしさはあって当然。不安はあって当然。後悔はあって当然である。「さびしい」。だから、なに？　「ああすればよかった」。しかし、そうはならなかったし、もう遅い。「あれがあれば」。しかし、ない。「どうなるのだろう?」。しかし、まだ到来していない先のことなど、考えてもしかたがない。

阿弥陀くじは、自分が選択したラインが、どこに行き着くのかわからない。選択に根拠はないが、選択しなければならない。その先で、折れて戻って、下に落ち、また折れて戻って、さて、その先はお任せである。折れて戻って下に落ちるのは、わたしたちの努力の過程である。「南無阿弥陀仏」はよくできた生きる姿勢である。阿弥陀様、わたしはここまで一所懸命にやりました、あとはおまかせします。ナームー。お仏壇のはせがわか? といわれそうだが(「お手てのシワとシワを合わせて幸せ。なーむー」)、「南無」でいいのである。

「ひとり」など、ほんとうはたいしたことではない。他人の視線を気にしすぎて自縄自縛にならないこと。自分で自分を見すぎないこと。もっと軽くていい。「捨聖《すてひじり》」一遍の言葉にこうある。「生ぜしもひとりなり、死するも独《ひとり》なり。されば人と共に住するも独なり、そひはつべき人なき故なり」。もうひとつ。「おのづから相あふ時もわかれてもひとりはいつもひとりなり」(『一遍上人語録』岩波文庫)。

山折哲雄に戻る。かれの「ひとり」の一日を書いた「あとがきに代えて」がいい。

この部分だけでも、実際に読まれたい。

比較 ①自分より上の者を見て発奮の動力にすることもないではないが、多くは、下の者を探して、あるいは無理に下の者に貶めて、自分の境涯に安心したがる者たちが採用する、いじましくも非生産的な心理操作。②下を見下そうとする者は、上を、ただ上であるという理由だけで仰ぎ見る者である。つねに上か下かだけでしか人を見ず、自分はこれでよいという自立はいつまでもやってこない。

卑怯 ①利を得るためならどんな汚い手でも平気で使い、不利を避けるためならどんな嘘でも平気でつく、人間としてもっとも唾棄すべきこと。②具体的には、人の手柄は自分のものにし、自分の失策は他人のせいにするような輩。

病気 ①人間やっぱり健康が一番、ということを知るための心身の不具合。②ところが快癒すると、健康でさえあったならなにもいらんわ、とまで思ったくせに、喉元過ぎれば熱さを忘れるで、元の木阿弥。

平等　①長幼の序、はあってしかるべきだが、威張りくさる先輩、屈従する後輩という愚劣な人間関係は壊すべきである。②相手が、自分とおなじ学校の出身とわかると、「おお、おれの後輩だ」と勝手に「後輩」扱いし、いきなり先輩風を吹かしはじめるバカがいる。ただの年上じゃないか。③こういう手合いは、女性もかならず下に見ている。生意気なことに、「礼儀」なんてものを持ち出す。

帝京大学ラグビー部は、二〇〇九年以来、全国大学ラグビー選手権で八連覇を達成している。関東大学対抗戦では、二〇〇七年くらいまでは、弱小というほどのチームではなかったが、それでも強豪校にはなかなか勝てなかった。二〇〇九年にはじめて大学日本一になった。しかし、ほとんど無敵といっていいほどの強さを発揮するようになったのは二〇一一年からである。それ以降は常勝軍団だといっていい。わたしは明治ラグビーのファンだが、昔は帝京大学などまったく眼中になかったのである。それがいまではまったく勝てなくなった。がっかりである。

現在の帝京ラグビー部を率いるのは、一九九六年以来、二〇年間監督をしている岩出雅之氏。部員数は一四〇数名。いったいなぜ帝京は劇的に強くなったのか。三つの改革をやったという。①練習時間の短縮。現在では一日二時間だけで、その時間に集中する。②医学部との連携。科学的トレーニングを導入し、選手一人ひとりの食事管理と体調管理を行う。そして、わたしが感心したのは、③上下関係の撤廃である。

軍隊みたいなバカげた上下関係は、高校や大学の体育部ではごくあたりまえのことである。十代後半や二十歳前後の若さでもう、一年は奴隷だ三年は神だ、とかやっているのだ。帝京ラグビー部がいつからそのような倒錯した関係を廃止したのかはわからないが、練習後、上級生たちがグラウンド整備や後片付けをするのである。

「実は、帝京大学ラグビー部では、最上級生である4年生がもっとも働きます。ほうきや雑巾を持って駆け回り、食事の支度や片づけなどで、いつもとても忙しそうです」「運動部にありがちな、上級生が威張り散らす空気はまったくない。なぜそんなふうになったのか。「大学にもラグビー部にも入ってきたばかりの1年生には、余裕がないからです」。だから四年生たちが雑用を買ってでる。「（四年生たちは）もちろん納得しています。むしろ喜んで、他人のために立ち働いています」。なぜなら「自分も、上級生にそうしてもらったからです」（岩出雅之・森吉弘『負けない作法』集英社）。

岩出監督はテレビ番組で「下級生を大切にする文化はチームを強くする」といって

いる。下級生たちのモチベーションがちがう、というのである。全国九連覇がそのことを証明している。「誠実であること。誠実な人は、最終的に力をつけます。誠実は、強いパワーとは違います。しかし、束になれる力です。束になったエネルギーは、大きな強さを発揮するでしょう」(同書)。下のものを大切にする文化、というのがいい。日本の集団のなかでは画期的なことだといっていい。

二〇一七年、箱根駅伝で三連覇を成し遂げた青山学院大学陸上部の原晋監督は、広島県の世羅高校陸上部の出身である。その当時は、上級生から怒鳴られ、殴られることは当たり前で、下級生は先輩に奴隷のように仕えたという。理不尽な支配服従関係である。人を支配すると自我が拡張して気分がいいのだろう。日本人の弱点だ。原晋氏は三年で主将になると、その悪習を撤廃した。青学大陸上部の監督になってからも、当然、先輩後輩の階級制度をなくした。その結果の、箱根駅伝三連覇である。

会社にも、新聞社にも、テレビ業界にも、地方議会にも、地位にふんぞり返る傲慢無礼な人間はいる。そして組織の環境を腐らせる。もっとも大事なことは、やはり上に立つ者の意識である。岩出監督や原監督のような「ひとり」が、ひとりでも多く出てくるなら、日本人の関係様式は変わっていく。「なにごともひとりからはじまる」

貧乏 ①全員が貧乏なら、貧乏は存在しない。②周囲が中流になっていくにつれ、取り残された者に「貧乏」意識が出てくる。③貧すれば鈍する、というのはなかなかの真実で、「ひとり」は、心にすこし余裕があるくらいのお金を確保したいものだが、わたしに資産増加の妙案はない。

ヒッチハイク ①あとから来たヒッチハイカーは、先に来ているヒッチハイカーの後方に立たなければならない。②女性ひとりが運転する車に乗ってはいけない。③自分から駐車場でヒッチハイクをする車を探してはいけない。あくまでも受動的であること。

ただし、これは五〇年前のヨーロッパにおける暗黙のルール。いまでも日本ではヒッチハイクはマイナーであるが、ヨーロッパでは五〇年前でも、町と町を結ぶたいていの道にはヒッチハイカーがいて、とくに高速道路の入り口には一〇〇人ほどが列をなすほど盛んであった。そんななか、わたしの前に車が止まる。両側から小汚い恰好をした各国の有象無象の若いやつらが殺到してくる。運転手はかれらを制し、こいつだ、とわたしを指差す。わたしはざまあみろ、ばーか、と車に乗り込む。なんだか、遊郭の女みたいだった。よく知らないが。

ふつうはひとりでやるもので、そのほうが止まってくれる確率ははるかに高い。ときにカップルのハイカーがいて、軟弱者めと思ったものだ。何時間も車が止まらないのはあたりまえである。空は果てしない青。地は一面、美しい緑野。そのなかを一本道がはるか丘の先までつづいている。そこに自分ひとり。足元にリュックひとつ。地球一杯の自由だった。時々やってくる車に親指を立てるが止まらない。リュックをかついで歩きだす。

しかしそれが丸一日となると、さすがに焦った。大きな日の丸の旗は効くときと、効かないときがあった。夕闇のなかで、おれはこんなところでなにをやっているんだ、と心細くなった。野宿も何度かした。とぼとぼ歩きながら、黒沢年男の〝この道はよろこびにつづくのか、悲しみにつづくのか〟という「俺は行く」を歌った。自由というのもなかなかつらいのだった。ただ、さびしいと思ったことは一度もなかった。

そうなると、女性ひとりが運転する車に乗ってはいけない、などといってる場合ではない。たった一回だけ、フランス人女性の赤いオープンカーにローマまで乗せてもらった。部屋に泊まっていかない？　と誘われた（はずである）。わたしはそのとき垢だらけだった。部屋にシャワーはある？　と身振り手振りで訊いたが、通じなかった。考えてみれば、シャワーなんかあるにきまっているのに、これでも日本人代表だ、恥ずかしさが先だって断ってしまった。嗚呼。

もう夜の九時頃だったろうか。彼女は道を探し、ローマ市内のユースホステルまで送ってくれた。辺りを煌々と照らす街灯の下で、彼女に礼をいい、車から降りた。すると、ユースホステルの前の広場のそここにたむろしていた各国のむさくるしい男たちが一斉に顔を上げ、あるいは振り向き、ヒューヒューと囃し立てた。

その代わり（代わりにはならないが）、中年のおじさんたち、若者たち、夫婦たちは、極東の島国から来た二十一歳の男を家に招き快く泊めてくれた。元々は自転車旅行の予定だった。金が少なくてやむなくヒッチハイクにしたのだが、つくづく金がなくてよかったと思う。数人で旅行をしている若い日本人たちに会ったが、わたしはひとりでよかった。すべての経験を自分ひとりで受け止めることができたからである。

竹田市がわたしの一番のしあわせな記憶の土地だったとするなら、あの十一カ月間のヨーロッパ・ヒッチハイク旅は「ひとり」のわたしの人生のピークであった。

不安　①まだ現前していない未来の災厄を勝手に先取りして、自分でつくりだした恐怖におびえること。②もし不安があるなら、それを軽減するために現実的に動くしかない。参考文。「それは、その時に考えればいい。いまから悩んで、どうなるものでもあるまい」（北方謙三『水滸伝（一）』集英社文庫）。

老後のお金がない、どうしよう？　大地震がきたら、どうしよう？　がんになったら、どうしよう？　無理もない。先が見えない。見えないものは不安である。しかし、それを引きずってもどうにもならない。不安がって、お金が入ってき、地震が防げ（自分が助かり）、がんにならないのなら、大いに不安になってもいいけど。

しかし、身内が病気になった、我が子が家に帰ってこない、失職してしまった、などの場合は、不安（じつは心配）になってあたりまえである。心配して病気が治り、子どもが見つかったり、職が得られるなら心配してもいいが、なんの効果もないのだから心配してもなんの意味もない、とはならない。現前の動かせない事態にたいする心配と、将来に起こるかどうか不明の事態への不安とは別である。

ファッション ①まったく無縁だったなあ。②わたしの服選びの基準は、とにかく「シンプル」であること。Tシャツについている胸ポケットの意味がわからない。③山本耀司が、男なんか吊るし（既製品）でいいんですよ、といった言葉が好きである。

何十年も、ジーパンばかり穿《は》いてきた。団塊の世代のバカファッションといわれても、楽なのだからしかたがない。夏のサンダル履きも捨てがたい。

物欲 ①欲しいなあ、と思っているうちが華。②ほんとうは物が欲しいのではなく、欲しいなあと思う自分の気持ちを満足させたいだけ。

無頼 ①言葉だけが恰好いいもの。そう呼ばれる人物は、たいてい気取った演技派。②「頼ること無し」の独立不羈《ふき》、という意味ならいいのだが、そうではなさそうである。

【へ】

屁理屈　①どうしても無理なのに、自分をなんとしてでも正当化しようと、自分勝手にひねりだす悪あがきの論理。②文字どおり、「屁」のように周囲に臭いをまき散らし、たちまち空中に消滅して、なんの効力もない。

平穏　①平穏な生活、平穏な人生をよしとすること。「無事これ名馬」。②この対極に、波乱万丈、太く短く、冒険、数奇な運命の生活や人生があり、人はおおむねこちらに魅力を感じるのだが、それと「平穏」とは、生き方としてあくまでも等価である。③シリアの難民に、波乱万丈ですねえ、といってみるがいい。

【ほ】

誇り　①誇りがあれば、屈従にも耐えられる。②「おれのことはどういってもいいが、母親の悪口はいうな」は正しい。自分のことなら我慢するが、愛する者たちの名誉は守りたい。③アメリカ人の真似なのか、息子に「おまえを誇りに思うよ」という父親がいる。わざとらしい。嘘くさい。どうしてもいいたいのなら、書いて渡したほうがいい。参考文。鶴見俊輔「(松本サリン事件で犯人に間違われた河野義行氏が、オウム真理教に対する破防法適用に反対したとき) こういう人が日本人の中にいることを、おなじ日本人として誇りに思った」(『思い出袋』岩波新書)。

放題 ①ローコスト、ハイリターンという虫のいいことばかりを望み、そのことで自我の満足を得ようとする。②生活の隅々にまで損得勘定がいきわたっている人が好む。

「食べ放題」「飲み放題」「詰め放題」などの「放題」が好きではない。安い料金で、必要であろうとなかろうと、とにかく詰め込み、腹一杯であろうとなかろうと、とにかく食べに食べ、元手以上の利益を貪りつくそうという根性がよくない。おまえは、弱さを理解しない人間はだめだ、と書いておきながら、冷たいな、と思われるかもしれないが、いや、かれらは弱いのではない。金がないのでもない。嫌な強さをもっているのだ。「食べ放題」で許されるのは、お金のない体育会系の学生だけ。

放棄 ①人であれ物であれ、なにかを捨てたり、手離したりできないのは、心を捨て、手離すことができないからである。②大人の人間は大人の人間を捨てることはできない。捨てられることもない。「わたしを捨てるのね」などありえない。③なにかを得るためには、別のなにかをあきらめること。

本 ①趣味の王様。②あまり人には知られたくない趣味。なぜか恥ずかしい。③「ひとり」者には絶対に必要なもの、とわたしは思うが、人によってはパチンコやカラオケ以下かもしれない。

今年は北方謙三の『水滸伝』（全19巻。再読になる）、『楊令伝』（全15巻。初読）、『岳飛伝』（全17巻。初読）を読む予定。全部で51巻である。これで一年間の暇をつぶすことができる。小さくない愉しみである（四月上旬現在、『水滸伝』全19巻は読了し、『楊令伝』の一二巻目）。ちなみに読書を「暇つぶし」と呼ぶことに嫌悪を感じる人がいるかもしれないが、暇つぶしは大事である。それに読書はそんなに高級なことではない。

北方謙三の中国戦記物には関心があっても、その物量にひるまれる方がいるなら、『楊家将（上・下）』とその続編である『血涙——新楊家将（上・下）』をお勧めしたい。この四冊に北方の文章の精髄が凝縮しているので、これだけでも十分である（この四冊は独立した作品だが、『水滸伝』の前史でもある）。男たちの生き方や戦闘場面が凄まじい。もう非の打ち所がない。読書の愉楽を堪能することができる（＊これは個人の感想です。万人におもしろさを保証するものではありません）。

右の51巻を読んでなお余力があれば、『三国志』（全13巻）の再読もしたい。しかしそうなると、全64巻になる。まいったね。しかし北方謙三はそれを書いたのである。しかも万年筆で。もう、ばかじゃないのか。どえらい力量である。それに比べれば、こっちはただ読むだけだ。とは思うものの、一週間に一冊読むとしても一年を超える（池上冬樹は『水滸伝』全19巻を二週間で読んだという）。それに、ほかにも読みたい本が山ほどあるしなあ。一週間二冊にして、そのあいだにほかの本を読むしかない。

もし本を読む気力がなくなれば、それはわたしにとって心の老いの決定打となるだろう。あとは朝から晩まで、テレビ一本槍になるしかない。

「ま」行の紋切型

【ま】

負ける ①自分の非力さを完膚なきまでに思い知らされること。腹立ちをどこにももっていきようがない。②しかし、負けはいっとき、勝つもいっとき。

なにをどういおうと、物理的であれ頭脳的にであれ、負けることは悔しいことである。なぜ悔しいのか。自分の非力に自分が耐えられないからである。負けるが勝ち、というのはやはり負け惜しみで、無理な言い分。しかし勝ちに汚い勝ちがあり、負けに果敢な負けがある。いわゆる「グッド・ルーザー」である。一般的にいえば、「ひとり」はおおむね多数に負けるが、この負けには価値がある。

ママとパパ　①生涯で一度も使ったことがない言葉。バーや飲み屋の女将に「ママ」とか「ママさん」といったこともない（だいたい、そういう場所に行っていない。行ったとしても、そんな気持ちの悪い言葉は絶対にいえない）。またどんな意味でも、「パパ」と呼ばれたこともない。あってたまるか。もう定義でもなんでもないのである（元々、そんなものは目指していないけど）。②正しい日本語を使おう、もないもんだ。

いまやどんな田舎にでも「ママ、パパ」は普及しているのだろうか。関西ではどうか。もう「お母ちゃん、お父ちゃん」は廃れたのか。日本人の幼児化が進み、ますます依存体質の甘ったれになったのは、この「ママ、パパ」という呼称に一因があるのじゃないかと思うのだが、なんの根拠もない（ママたちの「危ないよ！」とおなじ）。じいちゃんばあちゃんも、いまでは「じいじ、ばあば」が隆盛のようである。そう呼ばれることに、なんの迷いも疑いもないらしいのである。いやだねえ（子どもに「ママ・

パパ」、孫に「じいじ・ばあば」と呼ばせている人、すみません)。

位置が前後するが、用例(実例)をひとつ。宮崎県延岡市の女性が、大分県佐伯市の近くの北浦という漁師町に嫁いだときにいわれた言葉。「北浦に来て、パパママどもいわせるんじゃない。父ちゃん母ちゃんと呼ばせろ。笑わるっぞ」。ということは地方でも延岡などの市部では「ママ、パパ」が一般的だが、まだ町村部ではそうでもないということである。

まじめ ①朱に染まって赤くならないこと。②わたしの代名詞。しかし、すこし疑わしい。③ほとんどの場合、おもしろくもなんともないやつとして小バカにされ、見下され、舐められる。人はそれほど悪ぶりたがる(不良ぶりたがる)。

だから、舐められる本人も、なぜか自分はまじめじゃないと否定したがる。②の「しかし、すこし疑わしい」もその表れではあるが、わたしの場合、二割ほどはほんとうに疑わしい。まじめは小バカにされるのだが、人はほんとうはその存在が煙たいのであろう。目障りなのだ。というのも、人間は、じつはまじめが一番だと思っているからである。自分のなかにある「まじめさ」を小バカにされるのではないかと恐れ、先手を打って人を小バカにするのである。

わたしは、気弱で、無口で、おとなしく、「こちら静かな方ね」で、不器用で、まじめな、恥ずかしがり屋の人が好きである。八割方、わたしのことだからである。まじめは自立する。ふまじめはつるむ。で、最後に勝つのは「まじめ」である。

【み】

見下す ①人を見下す者は、相手によって、見上げる者である。②えらそうに威張る者は、相手によって、卑屈なまでに従順な者である。

みんな ①自分の言い分を通したり、言い訳や言い逃れをしたり、正当化しようとするときに、持ち出される実体のない援軍。だれも見たことがない。②ふたりから無数まで、十把一絡げの人間集団。

「みんなやってるじゃないか」「みんな持ってるよ」「みんな知ってるよ」。いや、みんなやっていないし、みんな持っていないし、みんな知っているわけではない。

みじめ ①出かけるときに、あちらの家族はメルセデス、別の家族は国産の普通車、もうひとつの家族はタクシー、こちらは自転車というようなことが、そのまま人間としての優劣を表しているように思われて、劣位のものの心が縮こまること。②自分は全然かまわないが、恋人や家族にはそのような感情を味わわせたくないと思う心。③自分が多数派に属しているか、少数派なのかにもよる。

自分で自分を「みじめだ」と思わないこと。そんなに思っても、いいことはなにひとつない。自分で「みじめだ」と思う人は、自分のなかに、人を「みじめだ」と思う感覚をもっているということである。この「みじめ」な環境から脱して、いつかおれもメルセデス組になって見返してやると思ったとしても、今度はその人が、自転車組を「みじめ」なやつと思うような人間になってしまう。

身の程　自分にとってもっとも心地よいことと必要性の範囲。用例。「起きて半畳寝て一畳天下取っても二合半」。「天下取っても」の部分は「飯を食べても」のこともある。

自分なんかには、こんな程度がお似合いだ、と卑下することではない。生活スタイルや生き方のスタイルにおける、好悪の問題である。わたしの場合は単純。文字どおり「シンプル・イズ・ベスト」である。ミニマリストは嫌いではないが、ゴミ屋敷の反対で、逆過剰すぎるきらいがある。わたしはたぶん、意識が高いミニマリストではなく、生まれついてのミニマム男である。トランプ大統領のマイアミの豪華な別荘が映しだされると、「わあ、すごい」というが、なにが「わあ」だろうか。

参考文をひとつ。「われらの最も富める者は、最もよき人と見られ（略）、強奪、貪欲、浪費、これぞわれらが偶像、われらはこれらを崇むる。質素な生活、高遠な思索(plain living and high thinking) は既になく、昔ながらの善き主張の飾りなき美は去り（略）」（ワーズワース「ロンドン・一八〇二年（一）」田部重治選訳『ワーズワース詩集』岩波文庫）。

無名　①無名にはなによりも自由がある。②「虎は死して皮を留め人は死して名を残す」という。名なんか残さなくていい。③年下の友人から「本が残るからいいですね」といわれたことがある。お世辞なのだろうけど、本なんか、残ろうが残るまいが、どうでもいいのだ。参考文。またぞろ北方謙三で申し訳ない。「私も弟も、いつでも名もなきひとりの男となる、という覚悟はできております」（北方謙三『血涙——新楊家将（上）』ＰＨＰ文庫）。

渡辺京二の言葉。「僕は、普通の人間というのは、（略）自分を取り巻いてる自然を十分に楽しみ、男女の仲を楽しみ、生まれた子どものことを楽しみ、あるいは自分を取り巻いているいくつかの人間とのつきあいを楽しむ。もちろん失望や怒りも感じるだろうけど、しかし自分とは違う他人がいて、そのつきあいの中の楽しさもあった。それだけで十分。それが基本だということです。無名に埋没せよ、ということです」（渡辺京二＋津田塾大学三砂ちづるゼミ『女子学生、渡辺京二に会いに行く』亜紀書房）

なってしまうのならしかたがないが、けっして有名人になることなど目指すな、ということだろう。街頭テレビ中継があると、Vサインをしたりわざと横切ったり携帯電話をかけたりして、テレビに映りたがる男がいる。あの神経がわからない。目立ちたがり屋は、世間ではおおむね肯定的に評価され、本人もご満悦のようだが、にぎやかな奴はうっとうしい。なるなら、がんばり屋だ。

無理をする ①実力以上のことや、気にそわないことをすること。②さびしいのに、全然さびしくないという。うん。この項も全然ひねりがないな。人口に膾炙《かいしゃ》している用例。「無理が通れば道理が引っ込む」。これも、つまらん。

昔、なにかで読んだのだが、無茶はしてもいいが、無理はするな（逆だったか？）、というのがあった。本書は「ひとり」の自立に関する本である。しかし「ひとり」であることを勧めているわけではない。だれとも話したり付き合ったりするんじゃない、なにがなんでも「ひとり」で生きよ、というのでは毛頭ない。そんなばかなことはない。それはただの変人である。「ひとり」であることは、そんなに偏頗《へんぱ》で暗く重いものではない。あまり「ひとり、ひとり」と強調するのも行きすぎである。「ひとり」でいい。「ひとり」でもいい。ときには、「ひとり」のほうがいい。あり方は、このように自在で軽いほうがいい。好むと好まざるとにかかわらず、「ひとり」になってしまうこともある。そのようなときに、孤独な時間は豊かであるとか、ひとりは自分を強くするとか、ひとり贅沢とか、無理していうことはないと思う（わたしは「ひとり」が落ち着くのだが）。けれども、集団に属する者は、そのような「ひとり」に寛大でありたい。集団だって、所詮「ひとり」の集合体にすぎないのだから。

「ひとり」でいい。「ひとり」でもいい、「ひとり」のほうがいい、と思うのは、自己承認である。社会で生きている以上、人に認められることは大事なことである。どんな仕事であれ、人に評価されなければ成り立たない。おれが作るラーメンはうまいといったらうまいんだ、といってもしょうがない。これはただのひとりよがり。しかし、他者からの評価以上に大事なのは、自分で自分を認める妥当な自己承認である（そのときに不快な記憶が甦ってきたら無理にでも切ること。そうしないと血が濁る）。

しかし生きていると、ときに無理をしなければならないときがある。そのようなときは、半分以上自分の意志が入っていなければならない。自分の意志なら、多少無理をしても、それがいつの間にか、無理でなくなることもある。それが無理かどうか、やってみなければわからない。やるまえから「無理」と決めつけるものではない。

これが一〇〇パーセント強制的な「無理やり」となると、意味が変わる。これは、人の意志を砕いて（自由を奪って）、頭の悪い自分の意志を通そうとする卑劣な行為である。なんのための「関係」か、なんのための「仕事」か、なんのための「社会」かを、考えるがいい。

矛盾　①自分のことは棚に上げて、他人を「矛盾してるじゃないか」と非難するときに使う便利な言葉。②ひとりのなかで一般論と個体論が対立すること。

ちょっとでも矛盾した言動をすると、「矛盾してるじゃないか！」と、まるで親の仇のように責める人がいるが、元々人間じたいが理性と感情をもった一個の矛盾体である。多少の矛盾など、見逃してやればいいのである。おたくだって、随分矛盾しているはずである。わたしの書くものにも、随所に矛盾があるだろう。あまり見つけてもらいたくない。見つけても、放っておいてもらうと助かる。

【め】

面倒くさい　①ただの怠惰。いつかかならず弊害が出る。②必要なことなら、なにも考えずにすぐやればいい。習慣の問題。

なんでも面倒くさがったせいで、わたしはこれまでにかなりの失敗をしている。体に関することが多い。後悔していないかといえば、していないわけでもないが、もう遅い。だから、受け入れている。因果応報、自業自得が身に染みている。

面目ない　世間にさらしている表の顔を自分で裏切って恥じ入ること。参考例。「至誠に悖《もと》るなかりしか」「言行に恥づるなかりしか」(海軍兵学校五省)

ただし、「いや、面目ない」といいながら、ただの口先だけのことが多い。一応、自分で自分にちょっと恥をかかせたから、これ以上わたしを追及しないようにといいたいのである。類語に「おれもだめだな」「不徳の致すところ」「若気の至り」「自分で情けないよ」「そういわれてもしかたないな」などがある。

【も】

物　①人間が価値を与えることによって、たんなるモノが品物（商品）になる。②所有したとたん、品物の価値は激減する。③社会的価値と個人的価値はときに一致し、ときに乖離する。性別、年齢によってもモノの価値は異なる。安直すぎる用例。「豚に真珠」。「男にダイヤモンド」でもいい。

名前のある山や観光地に人は行く。無名のものには見向きもしない。ただのモノだからである。名前を与えたとたん、モノから意味に変貌する。何十億円もする絵画や宝石があるが、元々その価格にはなんの根拠もない。人間が勝手に与えた価値にすぎないものが、値段をつけたとたんに意味が生じる。社会的価値に目がくらんで多くの商品を買い込むが、買ったとたんに、興味が半減する。魅力は色褪せ、やがてがらくたになる。意味も価値も剥落するからである。

目標は達成したいが、達成されてはならない。心がときめくのは「過程」である。にもかかわらず、達成されてはならないのに、達成したい。人間のすべての行為はこの繰り返しである。モノは心の空虚を埋めることができない。

もう人はモノに飽きてきた、といわれるが、その真偽をわたしは知らない（わたし自身は、昔からさほど物欲がない）。「断捨離」や「ミニマリスト」ブームはその現れなのか。若者が車を買わなくなったというのはたしからしい。他方、わたしたちには見えにくいが、マニアックなものに個人的価値を見出して熱中している人たちがいる（鉄道マニアはその代表）。かれらが欲しているのは、ブランド品のような社会的に公認された単体のモノではない。いわば「体系」である。だから膨大な知識もそこに入る。社会的価値に目の色を変えるより、「しあわせ」ということでいえば、かれらのほうが圧倒的に「しあわせ」である。

紋切型　①なんの誠意も本気もない、ただの形式的なその場しのぎの決まり文句。だれの心にも響かない。②わたしも使っている可能性があるので、強く非難できない。

「（人の死に）早すぎたな」（そういわれてもな）。「（旅先で）なんもないな、ここは」（なにがあればいいんだ?）。「不徳の致すところ」（浮気男、不祥事男の言い訳常套句。全然「不徳」だと思っていない。ただ運が悪かったと思っている）。「勝利の方程式」（そんなものはない）。「全社一丸となって」（まず「一丸」になることはない。なっても、ほとんど効果なし）。「全身全霊で」（あなたにどんな霊があったのか?）。「リベンジ」（使うのが恥ずかしい）。「（期待された結果が残せなくて）悔しいです」（「ザブングル」の加藤か? 悔しがる資格なし）。「応援よろしくお願いします」（いやだね）。「かわいい!」（そんなわけあるか）。「かっこいい!」（どこがじゃ）。「イケメン」（もうだれでも）。「立ち読みはお客様の迷惑になりますのでご遠慮ください」（ただの「立ち読み禁止」だけでいい）。「喫煙は通行人の迷惑になりますのでご遠慮ください」（ただの「禁煙」だけでいい）。「友だちにはなりたくないな」（こっちもな）。「この焼き鳥おいしい! 白いご飯（ビール）が欲しくなるな」（こればっかり）。「いぶし銀」（どんな色だ。知ってるけど）。「隠れ家」（隠れたまま二度と出てくるな）。「世界の○○」（植民地根性）。

これ以外にも、次のようなものがある（言葉だけではなく、紋切型態度も含む）。「イェーイ!」（盛り上げ言葉の紋切型）。女が男の「肩に触る、腿に触る」（媚態の紋切型）。男が女の「肩を揉む、尻を触る」（ヒヒおやじの紋切型）。「店の前で解散できずにグズグズする集団」（店前行動の紋切型）。「タレは継ぎ足し継ぎ足しで」（いんちき老舗の紋切型）。「嬌声を上げるバカ女と、生乾きの耳障りな大声を上げるバカ男」（居酒屋の紋切型）。「僕には無理です」（部下の紋切型）。「そこをなんとかするのが君の仕事だろ」（ばか上司の紋切型）。「では次回まで持ち越しということで」（無駄な会議の紋切型）。

まだ、ある。「ツッコミどころ満載」と「便所の落書きレベル」（ネットのブックレビューの紋切型）。「死の山、死のグループ（ブロック）」（テニスやサッカーの組分けに関するスポーツ記事の紋切型）。「第三者委員会を設置しまして」（不良企業の言い訳紋切型）。「これは個人の感想です」（健康通販番組の紋切型）。「良い子はマネしないでください」（テレビの紋切型）。腰を九〇度に折り、一〇秒間、深々と頭を下げる（謝罪儀式の紋切型）。「ちょっとしょっぱいかなと思ったら、そうでもないですね」（食レポの紋切型）。「自分へのご褒美」（自己愛人間の紋切型）。

右のなかには紋切型というよりは、ただの「バカの一つ覚え」も入っているが、ご容赦願いたい。

文句 ①まあ、わたしは文句はいわない（文章は別）。よほどのことでないかぎり。②いわれることは、まままある。

もてたい ①バカ言葉のひとつ。ほかのバカ言葉に「かっこいい」と「かわいい」がある。②学生がギターを弾きはじめ、グループを結成する第一動機。人気スポーツをする動機もおなじ。だから、マイナースポーツをしている人は偉い。

テレビで、女の「モテしぐさ」なるものをやっていた。飲み物のコップや缶を持つときは、両手で包み込むように持つこと。そのほうがかわいく見える。男を見るときは、テーブルに両肘をつき、両手を組んだ上にあごをのせて、上目づかいに見ること、だって。わたしも夜中にどんなテレビを観ているのだ。

男の「かっこいいしぐさ」ということでは、車をバックさせるときに、左腕をシートに乗せてうしろを向き、右手だけでハンドル操作をするのがかっこいい、とはよくいわれたことだ。ほかにも、ネクタイをゆるめる、ワイシャツを腕まくりする、プライベートのときの軽さと仕事のときの真剣な表情とのギャップ、料理をする、などがあるらしい。これを意識してやっている男もいるのだろうな。

甘いんだよ。そんなしぐさだけでモテようなんて、料簡が太すぎるのだ。それに、そんなしぐさを見て「かっこいいわ、あの人」と寄ってくるような女は、上目づかいの女くらいだよ。まあ、お似合いだけどな。

「や」行の夕日

【や】

矢でも鉄砲でも　①こういう心意気は、心の片隅にもっていたい。「悠々」が破れて、半分やぶれかぶれ、半分強がりでもいい。②余命半年、といわれたときに、こういう科白をいってみたいものだが、まあ無理かもしれない。

やかましいわ　①相手の余計な一言を半分は受け入れながらも、冗句めかしてはねつける言葉の一撃。②「なんでやねん」「どないやねん」「知らんがな」と並ぶ、他に類例のない関西弁秀逸語のひとつ。

ひとりで食事をすれば「孤食」といわれ、ひとりでいると行く先は「孤独死」だといわれ、老人になると今度は「老後破綻」だと、余計な言葉が身にふりかかってくる。「無縁社会」も「下流老人」も「老人漂流社会」も、全部余計で、やかましい言葉ばかりである。だから、どうした？　いや、調査結果ですよ、警鐘を鳴らしているんですよ、切実な社会問題じゃないですか。たしかにそういう現実はあるだろう。だが、いくつかの現実例を集めれば、あたかも全体がそうであるかのような「現実」をつくることができる。

では、その現実を知ったわたしたち一人ひとりの人間はどうすればいい？　いや、取材をされた当人たちはどうすればいいのか？「孤独死」という言葉は、ひとり者全体を覆い、「老後破綻」は老人全体を覆う。それだけではない。「ああはなりたくないな」と、まだひとりでない者や、まだ老人ではない者までも覆ってしまう。善意で作ったはずの報告や番組が、意図に反して、社会全体に不安をばらまく結果になるのである。

じゃあ、そんな調査はせず、そんな番組は作らなくていいのか？　やらなくていいと思う。予算の裏付けのないおざなりの政策提言や、「いま社会が取り組むべき最優先の課題ではないでしょうか」などの結句は、なんの役にも立たない。実際の現実例にたいしては、政治が考え、行政が援助するしかない。そのための調査は止むをえない。しかるべき行政機関がやればいい。

マスコミが好むのはいつもセンセーショナルな言葉である。「孤独死」もそのひとつ。最初はある現実を切り取った言葉だったはずが、その言葉が普及するにしたがって、逆に人間が規定されるようになってしまった。罪なことである。ただの現実に「哀れ」「みじめな死」「あってはならない死」という意味がついてしまったのである（最初からそのつもりだったのだろう）。しかしもうこの言葉を取り消すことはできない。多くの人が、つまらん言葉だ、と思っているのなら、問題ないのだが。

いや、柄にもないことを書いてしまった。忘れてください。わたしはただ、「やかましいわ」という関西言葉は秀逸だ、ということをいいたかっただけなのに、「孤独死」とか「老後破綻」という言葉もやかましいな、と思ったのが間違いのはじまりだった。元々「やかましいわ」の次元が違っていたのである。でもあれだね、結局、わたしたち一人ひとりが新奇の言葉にいちいち反応することなく、ばかいってんじゃない、と思うことですね。「孤食」なんか愚の骨頂（ただし、子どもの「孤食」は問題）。
ところで関係のないことだが、と、もとのばかばかしい話に戻すが、江戸時代の大坂には、武士は一、二割ほどしかいず、残りの八、九割は商人や町人ばかりだったといわれる。大坂の武士たちも「そやさかい」とか「なにぬかしとんねん、このボケが」とか「なんでおますの？」とかいっていたのだろうか。そんなわけないか。大坂の武士と薩摩の武士は話が通じたのだろうか。磯田道史かだれかに教えてもらえると幸いである。

やさしさ　①人の弱さを思いやり、寄り添うことができる心。②弱さと紙一重の徳目。③女の人が「やさしい男が好き」というのは、自分のわがままを全部許してくれる男、という意味ではないか。④「やさしさ」を演じるのはたやすく、だまされやすい。参考文。フィリップ・マーロウの有名な科白（「強くなければ生きられない。やさしくなければ生きる資格がない」）に比べると劣るが、ネブラスカ州警察刑事フランク・デッカーがいう。「強い人間でいるのはたやすく、優しい人間でいるのもたやすい。だが、両方でいることは難しい」(ドン・ウィンズロウ『失踪』角川文庫)。

やつす ①自分を人の下風に置くこと。②ちなみに『新明解国語辞典』には「見すぼらしく、目立たないように、姿を変える」とある。ここではそれとはちがって、人や世間にたいして、心を相手よりも低いところに構える、という意味に解したい。

北野武や蛭子能収を見ていて感心するのは、ふたりとも身のやつし方を知っていることだ。ふたりとも照れると、苦笑しながら、北野は頭を掻き、蛭子は頭を抱える。そのしぐさが自然に身についているのである。わたしがだめなのは、これができないことだ。

自分で自分を嗤うことはなんとかできる。他人に嗤われることを受け流し、我慢することもなんとかできるが、最後のところで、自尊心みたいなものが邪魔をして、心がおだやかではない。そこがだめだ(これも自己弁護?)。自分の小ささである。

悠々　①心に余裕をもちたいため、自分のペースで動くこと。②自由感と関係する。参考文。「古語に《フェスティア・レンテ》という。悠々として急げ、の意である。もとはこれ、ある王様の治政の座右銘だと伝えられるが、衆庶の日常の必須必得ともしたいのである」（開高健対談集『悠々として急げ』角川文庫）。

地震がきたとき、最初の数秒、わたしは慌てない。むむ？　とは思うが、大丈夫そうだな、と高を括る。すると、だいたい震度三、四ほどで収まり、大丈夫なのだ。これごときの揺れで慌てるようなおれではない、と沈着冷静を装う見栄もないではない。慌てる自分を自分が見たくないのだ。だが、これもその時々の結果にすぎない。超弩級がきたときはさぞかし慌てふためくのだろうなあ。かっこうをつけている場合ではない。そういうときは正しく慌てなければならない。

若いときは、信号が赤になりそうになると走った。電車が来ると走った。なんで走ったのかね。べつに一分一秒を争っていたわけでもないのに。たぶん信号や乗り過ごした電車で、止まりたくないのに止まらないといけない、待ちたくないのに待たなければいけない、というのが気に入らなかったのだろう。

歳をとったいまでは、もうほとんど走らない。自転車に乗っていると、むしろ信号が黄色になるまで速度を落としている。電車はあっさりと一本見送る。人と会うときは、約束した場所の付近に一時間前に行く。自分のペースで悠々と動きたいのである。「悠々」とは、心の余裕のことだ。余裕がないときでも、できるだけ顔には出さないようにしたい。武士は食わねど高楊枝。自分にたいする見栄である。

欧米人に感心することがある。空港のチェックインカウンターでもたついている客がいても、うしろで平然と待っていることである。もたつくのも「あなたの権利」とでも思っているようである。わたしは、レジや切符販売機でもたついている人がいると、鈍くさいなと思ってしまう。よくない。「悠々」とは、寛容の心でもあるからだ。

かねがね横綱白鵬は、年齢のわりには落ち着き、悠揚迫らざる貫禄があると思っていた（その後、相撲内容の荒っぽさや賞金を取ったあとのしぐさに違和感を感じるようになったが）。ところがその堂々たる姿勢が、制限時間いっぱいになって、仕切り線から水桶場に戻るとき、風格もなにもあったものではなく、急にちょこちょこ走りになるのだ。あれがちょっとねえ。可愛いじゃないか、という人もいるのだろうが。

夕日（落日） ①畏敬する自然の神秘のひとつ。②千数百万個の電球を使った色とりどりの光り輝く大イルミネーションも、たったひとつの夕日には敵わない。参考場面。宮崎駿がジブリスタジオの屋上に上がり、夕焼けを眺めて、死んでしまった友を思い出し、このようにいった。「あいつはもう、こんな景色を見られないんだなあ」

夕日や夕焼けを見て、なんときれいなんだ、と思う（もちろん、日本人だけではない。西洋人もきれいな光景だと感嘆する）。富士山のご来光を見るために登り、ご来光が世界を照らしはじめると、手を合わせる。わたしたち日本人は、そのようなこの世とも思えない景色に崇高さや荘厳さを感じる。西行が伊勢参りをして読んだ歌。「なにごとのおはしますかは知らねどもかたじけなさに涙こぼるる」とおなじような気持ちになるのではないか。朝日は希望、夕日は寂寥。

山折哲雄はこのようにいっている。「（京都の）正法寺から見る落日は、まさに絶品。言葉を失くすほど感動的な景色が展開されます」「日本人の落日に対する思いには独特のものがある」「それは、夕日の彼方に死者のおもむくべき理想的な国土、つまり浄土が存在する、という浄土信仰があったからではないでしょうか」(『ひとり達人のススメ』主婦の友社)。

山折は父親の死の四十九日の法要のあと、佐渡の西海岸の断崖絶壁の上に立ち、日本海へ沈んでいく落日を見た。そのとき「地平線に向かって海上にみるみる光の橋ができた」という。それまで浄土の存在など信じていたわけではないのに、「この光の橋を通って、父は今、お浄土へ渡っていったのだ、と思いました」(しかし、右の「地平線」というのはミスだろう。NHK－Eテレの『無常の風が吹いている〜私が死について語るなら〜』[二〇一五・十一・二十三放映]では「素晴らしい落日でした。水平線の彼方から断崖の足元まで銀の橋ができました」といっている)。

山折哲雄は柳田国男が紹介した子守歌の一節を引用している。「親のない子は夕日を拝む　親は夕日の真ん中に」。いい詞である。子どもは夕日が落ちる向こうに、こっちを見て微笑んでいる父と母がいると信じているのだろう。おそらく、だれかに教えられたのだろうが、「親は夕日の真ん中に」は、日本人にはわかる心情である(どの地方の子守歌なのか、ちょっと調べてみたがわからなかった)。朝日に向かって、お父さんお母さん、おはよう、と手を合わせても、気持ちはおなじだという気がする。

夕日（落日）とはちがうのだが、たとえば東山魁夷の「道」や「郷愁」で描かれた一筋の道、「花明り」や「冬華」や「月唱」で描かれた月を見ると、夕日（落日）を見るときとおなじような感慨をもつ。「道」は、ただ一本の道が遠くに伸びているだけの絵である。「冬華」の月は冴え冴えと白く輝いている。どこか〈遥か〉という感じがして、それに魅かれるのだろうか。「孤独」ではなく「孤」というイメージも湧いてくる。自分が一本道や一個の白い月のような気がする。

ただ、夕日に感嘆したあと、離れがたさを感じながらも、「さあ帰ろう」となり、現金なものですぐに忘れてしまう。それはしかたがない。しかしまた、いつの日にか夕日を見る。この繰り返しである。「美しいな」という一瞬があればいい。

夢　①おとなが子どもに「夢」をもて、というが、それと関係なく、子どもが「夢」をもつことはいいことである。②わたしは「夢」がない子どもだった。③ついでだが、フロイトの夢判断はまったくあてにならない。

自分ががんで死ぬ夢を見た。はじめてである。まわりの人間に遺言をしている。途中で、これは夢だなと気づいたが、なんともいえない気分であった。自分のことより、残される人間のことが心配であった。

【よ】

世のため　①世のためとは、世の一人ひとりのため、ということである。②「世のため」という言葉には嘘くささが混じって素直になれないが、実際に「世のため」に活動をしている人間には、圧倒されずにはいられない。

服部匡志というフリーの眼科医がいる。一九六四年、大阪生まれ。どういう人なのか。かれの口から聞いたほうが早い。「ベトナムでの無償の医療活動を続けて八年になる。僕は現在、開業せず、どこの大学や病院にも属さないフリーの眼科医だ。一ヵ月の半分は、北は盛岡から南は鹿児島まで約十ヵ所の病院を渡り歩いて診察と手術を行う毎日。残りの半分はベトナムの首都ハノイと地方へおもむき、貧しい人たちへの無償の活動をしている。自宅で丸一日過ごせるのは年に一日か二日。忙しい毎日だ」

ここまでで早くも、すごい人だな、と思うのだが、このあとはもっと驚く。「日本で得た収入で家族の生活とベトナムでの活動費用をすべてまかなう。ベトナムでは患者さんからはいっさいの金銭を受け取らず、渡航費、滞在費、衣料品代などもすべては持ち出しで活動を続けている」

なぜ、そんなことをしているのか、と訊かれる。自分にも「いまだにわからない」という。「ただ、目の前に困っている人たちがいる。失明の危機にさらされているのに手術を受けられない人たちがいる。彼らを放っておくわけにはいかない。自分の技術で彼らを救うことができるなら、遠慮せずに助けたい。その思いだけだ」（『人間は、人を助けるようにできている』あさ出版）。

「いじめられっ子」だった。高校二年のとき、父親を胃がんで亡くした。四十八歳だった。「お母ちゃんを大切にしろ。人に負けるな。努力しろ。人のために生きろ」の遺言を残した。父親の入院中、医師と看護師の立ち話を聞いた。「あのクランケ（患者）は文句ばかり言って本当にうるさいやつだ。どうせもうすぐ死ぬのに」。この言葉が服部少年を医学の道へ進ませるきっかけとなった。「こんな医者が世の中にはびこっていては、世の中はよくならない。だったら僕がいい医者になってやる」

四浪(!)して京都府立医科大学に入学した。「日本で指折りの網膜硝子体の専門医」になるまでに、三人の恩師に出会った。二〇〇一年、眼科学会で出会ったベトナム人の女性医師に「(あなたの)技術をベトナムの医師に教えてもらえないだろうか」「多くの貧しい患者さんたちが手術を受けられずに失明している。なんとか助けてほしい……」と頼まれた。さまざまな慰留や反対や決裂があった。しかし服部氏はそれらを押し切って、勤めていた病院を辞め、翌年ベトナムへ出発したのである。「先のことを考えても、しょうがない。人生、なるようになる。大切なのは、自分がどうしたいか、それだけだ」

言葉がまったくわからない。信用されない。ベトナム人の医師や看護師たちは時間がくれば患者を放り出して帰ってしまう。医師たちからは猛烈な反発を食らった。名声が欲しいのだ、売名行為だと非難した医師もいた。何度も困難や障害に遭遇し、挫折しそうになった。しかし、患者たちを救う、の一念だけで、ひるむことなく、覚悟をもって仕事に情熱を注いだ。糖尿病網膜症の患者の手術に必要な数百万円のレーザー装置を買うため、妻の許しを得て、マンション購入資金の貯金を切り崩した。徐々に理解者たちが増えてきた。敵がいても、それ以上に仲間ができる。いまではタイ、インドネシア、ラオスまで活動範囲を広げている。

「もともと僕は人とつるむのがあまり好きじゃない」。弱さを知る「ひとり」の人、といっていい。「ボランティアというのは崇高なものでも、恰好のいいものでもない。とても地味な活動の連続だ。見返りを求めない。人に強要されてするものでもない。誰かにほめられるためにするものでもない」。服部氏は「お金や世間体や見栄のために生きるのはくだらない」といいきる。

「もし日本で開業すれば、年収は一億円。いい家に住んで高級車に乗って、毎週末ゴルフをして、という生活ができる」。知人のアメリカ人には「君のような技術があれば、アメリカでは億万長者になれるだろう」といわれた。しかし服部氏はびくともしなかった。「人の幸せは数字では計算できない。お金をこれだけ稼ぎました。家は豪邸です。車は何台も持っています、という話を聞いても僕の心は動かない」。「ほとんど動かない」ではない。「動かない」のである。

「人間、先のことはわからない。成功するか失敗するかなんて、最初からわかれば苦労しない。何かをする前から心配しすぎて、頭の中で考えすぎて、失敗することばかりを恐れていては何もできない」「働かなくても親が食べさせてくれる。冷暖房完備の部屋で蛇口をひねればいつでもキレイな水が出てくる。テレビは観放題で、いつでもお風呂に入れる。ベトナムの一般庶民からしたら夢のような生活。自分で生きる必要に迫られないうちは、人は目標を見つけられない。自分の足でしっかりと立つことはできないだろう」

やはり世の中にはこういう人がいるのだ。「自分ひとりの幸せは虚しい。損得勘定からは本当のよろこびは生まれてこない。助ける人と助けられる人がお互いによろこびを共有できることこそ、人間としてのよろこびなのだと思う」「社会が悪い、親が悪い、あれが悪い、あいつが悪いと思っているうちは苦しみの檻から抜け出せない」「健康で、毎日美味しいごはんが食べられる。こんなに幸せなことはない。病気になった時、人は初めて健康のありがたさに気づく。失ってから初めて、その大切さに気づく」「目指すは医者らしくない医者。医者は特別な存在じゃない。ただのひとりの人間だ」。いや、「コスパ」や「放題」や、自分一番の現在にあっては、やはり服部匡志医師みたいな人は特別である。

この本が出たのは二〇一一年、服部氏四十七歳のときだ。それから六年。かれもいまでは五十三歳になっている（二〇一六年十一月十三日から『朝日新聞』で四週連続のインタビュー記事があったのを知った。これをわたしは読んでいない）。

弱さ ①人間が普遍的にもっている性質なのに、自分だけの性格だと悩み、それを知られることを恐れる。②そのため、「寄らば大樹」とばかりに力の強い者に従い、「赤信号みんなで渡れば怖くない」と多数の側について一安心。③その他、見てくれや言動で強者を装う。そしてそんな芸当のできない弱いものをいじめて喜ぶ。

中田英寿はかつて「ぼくは一人でも強いからね」といっていた。ひどく感心したものだ。物理的に強くなるためには体力をつけるしかない。精神的に強くなるためには、「弱いとはどういうことか」「なぜ、ひとりは下に見られるのか」など、物事の意味を一つひとつ考えて自分なりに納得する思想が必要である。中田英寿にかぎらないが、「一人でも強い」人間には、おそらくその思想がある。

それでも弱さは、根本的には解消しない。といって、弱く見られないようにと、見せかけだけの強さでコーティングしてもしかたがない。「まじめ」の項で、わたしは、気弱でおとなしく、無口な恥ずかしがり屋が好きだと書き、その八割ほどは自分のことだからだ、と書いた。しかし、弱さは強さと矛盾しない。自分は弱いと思っている者が、不正義や卑怯を憎み、弱いものいじめに憤り、果敢に勇気をふりしぼり、思うところを堂々と述べ、積極的に行動することは、できる。「一匹狼」とか「孤高」といった気取ったものではない。ある種の責務感からである。これは実証済である。「果敢」も「堂々」もおこがましいが、わたしのなかの何割方かがそうだからである。

時々、まじめで大人しく気弱な人間が、おれは弱い人間ではない、おまえたち（世間）に目に物を見せてやる、と破れかぶれになって、殺傷事件を起こしたりすることがあるが、残念でならない。でかいことをやってやる、というその「でかいこと」が、ただの殺人というのは、いかにも頭が悪すぎる。弱さの取り扱い方が間違っているのだ。それは弱い者が弱い者を襲っているだけである。弱さを知る者は、他人の弱さの悩みがわかるはずである。それはいいことなのだ。端《はな》から無神経に強い者の心など、知る必要はない。

自転車に乗っていたとき、交差点で車に後輪を引っかけられて転倒したことがある。

右顔面をもろに地面に打ちつけ、頬が裂けた。寒さ除けのハンドルカバーを付けていて手が抜けず、とっさに地面に手をつけなかったのが不覚だった。一二針ほど縫った。しきりに謝る若い運転手が哀れで、そのまま行かせた。その結果、治療費は自腹だった。病院の看護婦があきれていた。保険の代理店をやっていたわたしの父は、慰謝料が取れたのにな、といった。

またオートバイに乗っていたとき、横を走っていた車のドアがいきなり開けられ、激突・転倒した。車に乗っていたのは数人の若い男女で、ドアを開けたのは女性だった（開けた理由は不明）。彼女は激しく落ち込んでいた。オートバイの前輪はひしゃげたが、わたしの体は奇跡的に何事もなかった。このときは警察を呼んだ。

若者たちが携帯電話で会社の上司を呼び（もう大人なのに情けない）、二人の男が来た。そのうちの一人が警察官に「おれ、○○さん、知ってんすよ」と、○○警官の知人であることをしきりにアピールしていた。この男もアホだったが、「ああ、そうなの」と応じた警官もアホだった。このときはオートバイの修理費とヘルメット代は向こうが出した。しかしこのときも、一円の慰謝料も貰わなかった。

これはわたしの「やさしさ」なんかでは断じてない。「弱さ」である。いずれのケースにおいても現在では、一円の慰謝料も取らない愚か者であるかもしれない。そうか、数十万は取れたのか、とは思った。しかし、わたしはこの「弱さ」を恥じてはいない。後悔もしていない。

欲望　①欲求の一段上にまで進んだ、どぎつい自我のあり方。②欲求からはなにかが生まれる可能性があるが、欲望からはなにも生まれない。はた迷惑なだけである。

吉本隆明　①わたしが愛したただひとりの知識人。②ふつうが一番偉い、ひとりが一番強いということを教えてくれた恩人。孤軍として生きた。用例。「何が強いって、最後はひとりが一番強いんですよ」(『人生とは何か』弓立社)

「ら」行の流行

【ら】

楽　①一番楽なことは、ひとりでいること。気ままでいい。②苦労は厭わないが、理不尽なだけの「苦」はごめんである。用例。江戸時代の狂歌。「世の中に寝るほど楽はなかりけり浮世の馬鹿は起きて働く」

集団の楽しさを知らないわけではない。小学校の休み時間は楽しくてしかたがなかった。小五のときの剣道部も楽しかった。中学一年のときのクラスは最高だった。

勤めていた小さな会社は、まあいろいろとあるにはあったが、総じていい会社だった。社内で野球や将棋に興じた。人間関係がフランクで自由で楽だったのである。しかし、この歳になると、集団はもういい。

寝ることはたしかに楽である。冬の朝など、起きるのが死ぬほど嫌だった。こんなことをほざいて、世のお母さんや奥さん方には申し訳ない。勤めていた頃、今日は何曜だ？　金曜か土曜か？　とねぼけ、土曜だとわかったときに二度寝したあの布団のぬくぬくは天国だった。だがそれも、毎日早起きをしなければならなかったからである。「浮世の馬鹿は起きて働く」と、いい気になっている長屋の熊さんも、毎日毎日そうやって昼頃までぐずぐず寝てみるがいい。バカなのはおれなのか、と思うこと必定である。

らしさ　①以前は「自分らしく」というのが嫌いだったが、もうどうでもよくなった。②しかし、「自分らしく」がいいのなら、まだ「男らしく」や「女らしく」もいいわけである。ただし、人に嫌がらせをするしか能のない頭の悪い「らしさ」は滅びればいい。

前に、明恵上人の「僧は僧のあるべきやう。俗は俗のあるべきやう。乃至帝王は帝王のあるべきやう」という言葉を引いた。この「あるべきやう」は「らしさ」のことである。「此のあるべきやうを背く故に一切悪しきなり」

「らしさ」に、「女らしさ」や「男らしさ」がある。武蔵大学社会学部助教の田中俊之は「男らしさ」を発揮する方法は二つあるという。「達成」と「逸脱」である。「仕事で成功する、お金持ちになる、スポーツで業績をあげる、あるいは学問で大成するなど、その社会で男として価値のある事柄の『競争』を勝ち抜き、『達成』した時に、男性は自らの『男らしさ』を証明できます」。しかし、これらができるのは「ごく少数の男性」だけ。

そこでなにごとも「達成」できなかった多くの男たちは、「コンプレックスを隠そうと」して、「ルールを『逸脱』しているオレは『男らしい』と周囲にアピール」をすることになる。「寝てない」自慢、「朝ごはんを食べてない」の不健康自慢、「昔はワルかった」自慢、バイト先でアイスケースのなかに寝ころびそれをYouTubeに投稿するルール破り自慢、つまり「いい年になったのに何も社会的に達成していないという焦り。それを隠すためのちょっとした逸脱自慢」である（『男がつらいよ——絶望

の時代の希望の男性学』ＫＡＤＯＫＡＷＡ)

なるほど。そういえば、ユーチューバー(なんちゅう情けない言葉だ)であるおれをコケにしたなと、ヤマト運輸の支店にチェーンソーを持って暴れ込んだバカのなかのバカもいた。バカキングである。しかし、「昔はワルかった」自慢だけは「男らしさ」アピールの一端だといっていいが、「達成」と「逸脱」は女性にも共通するから、ただの〝自分様自慢〟ではないのか。ちょっと「男らしさ」誇示からは外れている。

ところで、田中俊之はこんな経験を記している。

ある時、歩道にたたずんで涙ぐんでいる30代ぐらいの男性を見かけたことがありました。スーツ姿でしたから、「男が泣いてもいい」と普段から主張している男性学が専門の私でさえ、どうしたのだろうとちょっと心配になりました。

しばらくすると道路に停めてあった車から、小さな赤ちゃんを抱えた女性が降りてきました。退院してはじめて自宅に赤ちゃんがやってくる日だったのでしょう。お父さんは「感動」して道端で涙を流していたというわけです。

で、このあとに田中はこう書いているのだった。「ちょっといい話だと思いませんか」。悪いが、思わん。そりゃわたしだって、たとえば黒田博樹が引退試合でマウンドに跪いている姿を見たりすると、不覚にも涙がにじむ。が、子どもが生まれたくらいでは泣かない。子どもが死んだら泣く。その若いお父さんはやさしい男、ということになるのだろう。しかしそんなことで、この先箸にも棒にもかからないパワハラのバカ上司と闘えるのかが心配である。

まじめでやさしい夫だということはわかる。それよりも田中の「ちょっといい話だと思いませんか」が気に入らない。たかが結婚式くらいで涙を流す男と変わらないではないか。たいがいにしなさい。わたしが考える「男らしさ」とは、〈格律〉をもった静かな男である。公平な〈中庸〉の男である。

【り】

料理　①自分でうまいと思ったものが一番の料理。②値段はまったく関係がない。用例。「僕がいくら『食事は白いご飯に納豆、味噌汁、漬物、これさえあればいい。これに焼き魚でもついたらご馳走だよ』と言っても、まず信じてもらえない」（杉良太郎『いいってことよ』廣済堂出版）

男が好きな家庭料理としてその筆頭に「肉じゃが」が挙げられたりするが、わたしはまったくそうではない。嫌いではないが、なんだ「肉じゃが」って。「おふくろの味」とか「昭和の味」というのも、わけわからないまま使われすぎである。多くの男が好きなラーメンにも、わたしはまったく淫してはいない。断然、炒飯のほうが好きだ。食事の基本は、ホカホカのご飯と、玉子焼きと、焼いた目刺しと、うまい味噌汁と、少々の漬物があれば、十分である。十分どころか、贅沢である。

野菜を摂れといわれるが、中田英寿も内村航平も野菜を食べないらしい。あれはいいのか？　専門家に説明してもらいたい。わたしはキャベツの千切りがうまい男（わたしもかなりできるけどね）を、微分積分がわかる人、ピアノが弾ける人、バック宙ができる人とおなじように、尊敬する。鍋振りもそうである（これはいまだにできない）。女の人のなかに、料理をする男はカッコいい、とかいう者がいるが、そんな問題ではない。なんでもかんでも、カッコいいというものではない。

リーダー　①ひとりで組織の悪習を変えることができる人間。②率先垂範の人。

村上龍が、長時間労働の問題は「日本社会の評価の尺度が、どれだけ成果をあげたかという評価じゃなくて、どれだけ頑張ったか（という評価になっており）、いまでもそれが美徳として、文化としてつづいていることが最大の問題」といっていたが、まさにそのとおりである。歪んでいるのに、それを倒錯した誇りとし、その過酷さについてこれない（ばかばかしくてついてこない）者を、根性なし、と罵るサド・マゾヒストもいる。

ＳＣＳＫという情報システムの会社がある。従業員一万一〇〇〇人、売上高三二〇〇億円で、業界五位の大企業である。月五〇時間から八〇時間の残業などあたりまえだった。一八〇時間以上の者もいた。ある社員は六時起床、九時出社、午前一時退社、午前二時帰宅、という日々だった。二〇〇九年、その会社に中井戸信英という人が社長として赴任した（現相談役）。元住友商事の副社長だった。かれはひとりで一万一〇〇〇人を長時間労働から解放し、ブラック企業を超優良のホワイト企業に変えたのである。

中井戸氏はこういっている。「規模が大きくて一流といわれる会社でも、社員を犠牲にしてブラック企業といわれて、残業をめちゃくちゃやらせて利益を出しても、一流とはいわない」「世間で『あの会社は立派でいい会社だ』と、『自分の息子や娘も就職させたい』と評価され、それでいて成果を出せる会社（が一流である）」。かれはまず「残業半減運動」をはじめた。それまで残業を一八〇時間以上やっていた社員は「絶対できない」と思った。中井戸氏も業績下降は覚悟した。

しかしかれには「信念」があった。「働くやり方、仕事の仕方、チームワークの取り方、段取りの構え方、心の持ち方を変えれば、今までより少ない時間でおなじパフォーマンスをあげられる」。結果、残業時間は半減したのに、売上高は二〇一〇年から二〇一五年の五年間で、一四〇〇億円から三一八億円に上昇したのである。残業時間は減ったが、給料も減った、では意味がない。初年度、残業減で浮いた十億円は全額社員に還元した。ある社員は賞与で一二万円もらった。それだけではない。社員は毎日健康チェックを会社に報告する。その内容によってポイントがたまり、ある社員は賞与で一〇万四〇〇〇円が支給された。

中井戸氏は大学卒業後、住友商事に入った。一年目、研修が終わるとすぐに一週間の夏休みをとった。上司から叱られたが、反論した。接待は必要なものには出たが、二次会以後は上司を「ふりきって帰った」。「モーレツ社員」の風潮に「なじめなかった」。異端児だったのだ。しかし、仕事だけは文句をいわれないようにやった（IT関連企業の取締役安井元康は「飲み会に参加はしないけれども仕事はきちんとやってくれる奴、という組織内におけるキャラクターを早期に確立できたならしめたものです」といっている『99・9％の人間関係はいらない』中公新書ラクレ」。同感である）。

「栴檀《せんだん》は双葉より芳し」。中井戸氏の幼少年期はよくわからないが、おそらく正義感の強い少年だったのだろう。こうと思ったらそれを曲げない少年だったのではないか。かれのモットーは「従業員ファースト」である。「都民ファースト」よりも以前、かれはすでにその方針を実行していたのである（以上はテレビ東京「さらばブラック企業長時間労働　働き方改革で幸せになる秘訣」〔二〇一七・一・十二〕から）。

中井戸信英氏は昭和二十一年生まれで、わたしより一歳上。「ひとり」に服部匡志氏がいれば、企業にもやはり中井戸氏のような人がいるのである。境涯や所有物の比較などはくだらぬものだが、わたしはこういう比較なら、よくやる。もし自分だったら、中井戸氏とおなじような改革ができたか。まあ、できませんでしたね。じつに無念である。中井戸氏は、真の意味で自立した「ひとりの人」である。かれのような経営者や、帝京大学ラグビー部監督の岩出雅之氏、青山学院陸上部監督の原晋氏のような指導者がひとりでも多く増えていけば、日本社会も徐々に風通しのいい社会に変わっていくにちがいない。

流行 ①わたしの周囲を通り過ぎていくだけの社会的風潮。②わたしがひねくれ者である証拠。自分でいうのはいいが、世の人は「こいつはよほど、ひねくれてるな」といわないように。まあ、いってもいいけど。

わたしは子どもの頃、フラフープを回した。家には「ダッコちゃん」があった。バドミントンをした。メンコ（大分ではベッタンといった）とコマ回しには夢中になった。映画「赤胴鈴之助」と「ゴジラ」と「鞍馬天狗」は観た。思い返してみると、小学校までに全国で大流行したのはフラフープとダッコちゃんくらいしかなかったのではないか。それ以外に流行したものが記憶にない。バドミントンは小流行くらいだったか。中学以後、続々と流行するものが出てきた。しかし、ボンタンずぼんや長ラン上着は着たことがない。ツイストもモンキーダンスも一度も踊ったことはない。みゆき族に入ったこともない。リーゼントの髪型にしたことがない。ＶＡＮやＪＵＮのファッションはまったくお呼びではなかった。コンサートでみんなと一緒に飛び跳ねたことがない。エレキブームに熱狂しなかった。ビートルズにもいかれなかった。

ボウリングをしたのは三、四回。団塊の世代が学生だったときに流行った「チンタラ」や「シコシコと」などは嫌いな言葉だった。同好会やゼミや党派に属したことがない。デモに行ったことがない。インベーダーゲームもＵＦＯキャッチャーもやっていない。東京タワーにもスカイツリーにも、行ったことがない。『１Ｑ８４』の一冊目以後の村上春樹を読まず、マンガは好きだが、『ワンピース』も『進撃の巨人』も読まない。「君の名は。」は観ていない（「シン・ゴジラ」はＤＶＤで観た）。恵方巻は食べない。

やったことがあるのは、大人になったあとだと、ルービックキューブで遊んだことや（まあ下手くそだった）、「食べるラー油」を買ったことくらいである。スキーには数回、行ったことがある（これも上達しなかった）。ほとんどの流行は、わたしの周囲をすぎていっただけである。なぜこんなものが流行るのかと、理解できなかった。どうやら、中学生あたりから、わたしの「ひとり」志向が出てきたようである。

理解不能　①ラップ音楽。一般人のＳＮＳ。正真正銘の本格的なバカ。②食べ物屋に並ぶ行列。今年の漢字。流行語大賞。これらはどうでもいいもの、でもある。

リテラシー　①もっともらしい情報（ニュース、記事、統計、宣伝文句など）を、まずは「ほんとかね？」と疑い、そこから「ほんとはどうなんだ？」と考え、「たぶん、こうではないか」と判断する能力。一般の人間にできるのはせいぜいこの辺まで。②だが実際には、この「この辺まで」も、できるかどうか怪しい。

情報に騙されないためには「リテラシーを高めよ」とは、知識人からよくいわれることである。その通りであろう。しかし「リテラシーを高めよ」という人は、自分の「リテラシー」にはまったく問題ない、と思っているようである。自分の「リテラシー」

は正しいが、おまえたちのはなっちゃいない、といわれている気がする。いい気なもんだ、と思うが、わたしは報道や記事に騙されっぱなしだから、黙っているしかない。自分の判断が間違っているとわかったなら、訂正することになんの抵抗もない。

【る】

流浪　①憧れだけで終わるもの。これまた言葉だけが恰好いい。②山頭火や尾崎放哉は読んだが、自分がやるには厳しすぎる。

【れ】

劣等心（感）　①人間を、まっとうであるか否かで見ることができない人の心。②学歴や、学校名や会社名にとらわれすぎ。③容姿の劣等感は、心映えでいくらでも挽回できる。というと、適当なことをいうなといわれるだろうが、容姿が意味をもつのは最初だけ。最終的には（というか、途中からは）それほど意味をもたなくなる。と、わたしは思っているが、実際には、こんな感想もまったく役に立たないだろう。

「細い目に低い鼻。顔がコンプレックスで悩んできました。陰口もたくさん言われ、せめて人に親切でいようと内面を磨き、『優しいね、真面目だね』と言われたことも。でも自信は身につかず、人と話すのが怖い。コンプレックス克服のため整形したいと親に泣きながら打ち明けました。でも、恥を知れと怒鳴られました。私は内面も外面もダメになってしまった。生きるのがしんどいです」（18歳。女性）（「人生相談」『毎日新聞』二〇一七・二・二十）。

回答者の高橋源一郎はこう答えている。「『内面を磨け、それが人間のほんとうの価値だ。世間の評価なんか気にする必要はない』とは言いません。それは正しい答かもしれない。でも、あなたの苦しみがそれでは癒されないなら、なんの意味もないのですから」「整形が必要だと思うなら、やってもかまわないと思います。親や他人がどう言おうと、自分を創りあげてゆくための一歩を踏み出してください。嘆いている暇はありません。長い、自立の戦いの始まりです」

この女性の容貌がそれほど気にするほどのことではなくても、本人の頭が「ダメ」で固まり、「整形」するしかないで固まっているから、それを否定するような外部からの助言はまったく無効である。高橋がいうように「内面を磨け」云々は、まったく役に立たない（彼女の、「内面を磨」いて親切、もへんだが）。彼女はなにをいっても受け付けない。ここまでくれば、彼女は「整形」をするしかないとわたしも思うが、費用はあるのだろうか？　親がいったという「恥を知れ」とはなんだろう。彼女は家を出ると、ひとり暮らしできないのだろうか。

それでも、整形をしたあとで、彼女がそれで満足をするのか、それともまだ整形が足りないと思うことになるのか、あるいは考えが変わるのかは、彼女次第である。まだ十八歳で厳しいだろうが、最終的には自分で考え、自分で納得し、自分で救うしかない。それにしても、人生相談の回答者は大変である。わたしなんかには、とてもできない。

【ろ】

陋劣　①腹のなかでは舌を出したり、せせら笑っているくせに、言葉だけで同情したり共感したり励ましたりするフリをする下劣な品性。②明るく振る舞いながら、つねに他人と比較してはびくびくし、隙あらば相手のポイントを下げて、自分のポイントを上げようとし、そのことを指摘されると、「そんなことじゃない」「シャレだよ、シャレ」といってずらかろうとする、薄汚い根性。

論理　①ひとりで社会の理不尽と闘うための思考力の武器。使い方によっては、破壊力がある。しかし当然、限度もある。②筋ばった理屈だけで社会や人間が動いているわけではないと早く知ること。そうでないと、逆に世間知らずとバカにされる。③ただし、学者の世界では必須。企業のなかでは「必須」ではないが、必要。

「わ」行のわかってくれない

【わ】

若者　①おおむね主観だけで生きている人間。二度と戻りたくない世代。②そのわりには、ただ馬齢を重ねただけの不出来な大人より、よっぽどしっかりした人間がいる。③「まだ若いもんには負けん」とはりきるおっさんやじいさんがいるが、向こうはまったく相手にしていない。

「温泉」の項で長谷部誠にふれたが、かれの『心を整える。——勝利をたぐり寄せるための56の習慣』（前出）にはすっかり感心した。畏れ入った、といってもいい。そんじょそこらの中年や老年の男以上に、よほどしっかりした若者である。

長谷部は、「心を整える」ということを「常に意識して生活して」いるという。「生活のリズム、睡眠、食事、そして練習。日々の生活から、心に有害なことをしないようにしています」。南アのW杯期間中、チームメイトと酒を飲んでいて「ハセさん、付き合い悪いっすよ」といわれても、「一日の最後に必ず30分間、心を鎮める時間を作りたかった」「部屋に戻る。電気をつけたままにして、ベッドに横になる。音楽もテレビも消す。そして、目を開けたまま、天井を見つめるようにして、息を整えながら全身の力を抜いていく」

「付き合いが悪い」か。こういう粘着的な男はどこにでもいる。長谷部は一生懸命頑張っている人を見るのが好きだ。「真昼の炎天下、工事現場で働くおじさん」が「カッコ」いい。早朝から家族のために頑張っていて、そういう姿を見ると「小さなことに悩んでいる場合じゃないとエネルギーがわいてくる」。「お母さんが小さい子どもを自転車に乗せて、一生懸命こいでいる姿も好きだ」。いかにも長谷部の人柄のよさが出ている。プロへの道を後押ししてくれた祖父に「男は泣くもんじゃない」といわれた。

「僕は、じいちゃんがいつ見ていても恥ずかしくないような人間になろうと思った」。スパイクの内側に、祖父の名前の一文字「松」の刺繍を入れた。

そういえば内田篤人も本を出していたなと思い出し、かれの『僕は自分が見たことしか信じない』（幻冬舎文庫）も読んだ。これがまた『心を整える。』に匹敵するほどいい本だった。「人間を色にたとえるなら、僕は『黒』でいたいと思っている。何色を混ぜられても、影響を受けない色だし、何よりカッコイイでしょ」。なすべきことは、自分で守りとおす。「練習後には、希望者がいれば、全員にサインをする。どんなに人が多くても、真っ暗になっても、最後までする」

内田篤人はこんなことまで考えている。「日本人は誰でも海外に出た時点で、日本代表だから、誇りと責任感を持って行動してほしい。勝手な行動をして、日本人のイメージを崩してほしくない」。内田は先輩選手と食事に行っても、「絶対に支払う。最後は小銭だけでもと言って、支払う。そういう人間でいたいから」。目の前にゴミが落ちていればゴミを拾って、捨てる。こんな簡単なことがわたしたちにはできない。友人は無類に大切にする。「物欲はほとんどない」。この本を出したとき、内田篤人は二十三歳ぐらいのはずだ。

長谷部誠と内田篤人の二人を見ていると、天は二物どころか三物も四物もあたえているのではないかと思えてくる。二人とも目立ちたがりの性格ではない。むしろ逆だ。おれについてこい、という性格ではない。どちらかというと静かな男だ。しかし、二人とも「自分」というものをしっかりもっている。世間や他人に流されない。弱々しい「まじめ」ではない。強い「まじめ」なのだ。

黒田博樹が二〇〇八年、三十三歳でロサンジェルス・ドジャースに入団したとき。同時に入団したのが二十歳のルーキーのクレイトン・カーショーだった。二人はそれからの四年間、キャッチボール・パートナーだった。

黒田はカーショーを「本当に尊敬に値する人間」、「人が尊敬できるか否かということに、年齢は関係ないと思う」といっている。「端的に言って、カーショーという人間には『アメリカにもこういう信頼できる人間がいるのか』という衝撃に近いものを受けた。(略)すごい選手はたくさんいるが、すごい人間はそうそうお目にかかれない」

黒田博樹のニューヨーク・ヤンキース移籍が決まったとき、カーショーは黒田に「ドジャースに来年も残ってもらいたいんだ」といった。すぐあとに「ヒロ、来年から僕は誰とキャッチボールをすればいいんだい?」というメールが来たという。泣かせる

（黒田博樹『決めて断つ――ぶれないために大切なこと』ワニ文庫）。

若づくり　①年寄りが、若く見られたいと化粧や服で粉飾すること。わたしにはまったく無縁。女性の場合はわからないでもないが、ほとんど成功例を見たことがない。②男の場合はどうでもいい。若づくりの気取ったおやじが、裸になればただの弛んだじじいの体、というのが情けなくないか。

わかってくれない　①不満として成立しない言葉。②わかってもらうためには、生き方で示すほかはない。③それでもわかってもらえない。それがふつうだ。自分がわかっていればそれでいい、というのはキレイごとだが、自信をもって、そのキレイごとでいくしかない。参考例。「自分の良心はきれいだと思っているから、人が何を言おうと平気なんだ」（白洲次郎『プリンシプルのない日本』新潮文庫）

忘れない　①わたしが忘れないかぎり、かれらはわたしのなかで生きている。②わたしが忘れられるか否かは、あずかり知らぬこと。

別れ ①人間にとって一番つらいことだが、耐えるしかない。②人間の宿命。参考文一。中原中也「愛する者が死んだなら／自殺しなきゃあなりません」（「春日狂想」『中原中也詩集』岩波文庫）。参考文二。井伏鱒二が于武陵の漢詩「歓酒」を訳した、これまた有名な一節。「この盃を受けてくれ／どうぞなみなみつがしておくれ／花に嵐のたとえもあるさ／さよならだけが人生だ」（『厄除け詩集』講談社文芸文庫）

笑い ①赤ん坊が無邪気に笑う姿は、人間の一番いい姿である。②笑顔にもいい笑顔と気持ちの悪い笑顔がある。どんなことに笑うかは、その人の質を表わす。

純粋な笑いは人間のいい姿だが、人間関係を反映して、愛想笑い、つくり笑い、苦笑い、豪傑笑い、ばか笑い、てれ笑い、卑屈な笑い、下卑た笑いにもなる。一番醜い笑いは、手を叩き、体をよじらせるなど、お笑い芸人を真似たわざとらしい猿笑い。失笑、苦笑はしかたがないが、嘲笑や憫笑や冷笑はやめたい。程度の低いばか笑いや爆笑は見苦しいだけ。微笑は好ましい。ギリシャ古代の彫像に「アルカイック・スマイル」といわれる神秘的な微笑がある。日本では奈良中宮寺の弥勒菩薩半跏思惟像が挙げられる。美智子皇后の笑みはそれに近い。気品のある笑み。稀有だ。

【を】

昔は「わ行」を「わゐうゑを」と覚えた。「ゐ」と「ゑ」はいつのまにかなくなったが、なぜ「を」だけ残っているのか。手元の辞書にも「を」「をことてん」「をば」「をや」の四つしか載っていない。たしかに「を」がなければ、「バスを待つ」などの文章ができない。「バスお待つ」ではいけなかったんだろうな。

ところで「をことてん」ってなんだ？　「乎古《止点》」とあり、説明は「漢文訓読のために漢字の四すみ・上下などに付けた点や線などの符合」である。漢文に弱いため、よくわからない。

【ん】

んなわけないだろ　①辞書を見てみると、「ん」には「ん」「んこ」「んず」「んだ」「んち」「んで」「んとこ」「んとす」「んば」と、「を」より多い項目がある。辞書で「ん」を引いたのは生まれてはじめてである。まあ、そんなことはどうでもいい。②現在では、「まったく」を「ったく」と書いたりすることがあるように、「んなばかな」「んなわけないだろ」という語法がある。

人の話を聞いたり、テレビを観たりするときに、もっともらしいことをいう人間にたいして、わたしはかなり頻繁に「んなわけねえだろ」と思う。

ん　①終わり。②「ん?」と疑問形にすると、軽い聞き返しになる。しかし、もう一度いってくれと要求しているわけではない。聞こえてはいたのである。だから再度、「さびしくないの?」と訊かれても、苦笑しながら「ああ、まあそうでも……」と生返事を返すくらいで、その手の言葉はもう聞き飽きました。「ん?」には、「またそれか」という小さなうんざり感が入っていたのに、その鈍感野郎は気づきもしない。もう、いいのである。自分のなかでは、その話は終わっている。

最後に参考の童話。タイトルは「まだ終わっていません」。

昔々の大昔、世界には意味がなにひとつありませんでした。しかし人間は、夕日や星空や森林から「美しい」という言葉をつくり、雷や暴風雨や地震や獣から「恐ろしい」という言葉をつくりました。人を好きになるという感情から「愛」という言葉をつくり、人を失くすとつらいという感情から「悲しい」という言葉をつくりました。とても人為ではつくりだしえないこの世界はだれがつくったのだろうかと考え、「神様」という言葉をつくりました。
「神様」の由来から「宗教」がつくられ、「規範」「道徳」がつくられ、「信」と「不信」、「罪」と「罰」がつくられました。「文明」と「野蛮」がつくられ、「怒り」「憎しみ」「敵」「復讐」がつくられ、「多数」と「少数」がつくられ、「強さ」と「弱さ」、「勝ち」と「負け」がつくられました。「苦しみ」と「快楽」も、「正義」と「不正義」も、大事な「自由」と「人権」と「平等」もつくられ、その後も、ありとあらゆるものに無数の名前がつけられました。

言葉をつくることとは、意味をつくりだすことでした。言葉は名づけです。その名の内容が「意味」です。「意味」に序列はありません。ただし「神様」だけは別格です。ひとつだけ侵されざる「権威」をもった「意味」として、突出していました。全能とされたからです。

ところがその「意味」に、美しいか醜いか、損か得か、役に立つか立たないか、希少なものかどこにでもあるものか、といった判断が持ち込まれ、「価値」がつくられました。「価値」の序列ができたのです。そしてその最上位に据えられたのが「お金」(「富」)です。「武力」も「権力」も付随しました。そこから「意味」と「価値」のせめぎあいが始まりましたが、「意味」はまだ「権威」を把握していましたから、勝負は五分五分でした。

やがてその「価値」はほんとうに「価値」があるのかと、「価値の意味」を問う動きが出てきます。そこに「意味」の唯一性を信奉する「芸術」が登場してきます。しかしその「芸術」も「価値」に反撃されて動揺し、そのうえ「国」や「法」や「名誉」

といった公の「価値」と、「家族」「やさしさ」「自由」といった私的な「意味」の相克があり、もう「意味」と「価値」はぐじゃぐじゃです。「意味」も「価値」も人間がつくりだしたものなのに、人間自身がそれに縛られてわけがわからなくなったのです。でも勝負はまだ五分五分です。

そんなところに「科学」が登場します。「科学」の進歩によって「合理」と「不合理」が導入され、「神様」の「存在」や、「神様」由来の「意味」に疑義が生じます。四分六分で「神」由来の「意味」は劣勢を強いられますが、しかし「権威」は揺るぎはしても倒れることはありませんでした。人間自身が、人間の「人間」たるゆえんが失われることを畏れたからです。その伝統的な「意味」を信奉している人間は依然として多数で、「神は死んだ」といわれても、死にはしませんでした

そうこうしているうちに、産業革命以後、ついに「お金」(「富」)が「神」に代わって全能の力を握るようになります。それまではごく一部の者だけが所有していた「お金」(「富」)が、才覚次第ではだれもが手にすることができるようになったからです。その前に「人倫」も片膝を屈しました。

「お金」由来の「成功」や「業績」や「贅沢」が威張るようになります。それでもま

だ、少数の「持てる者」とその他大勢の「持たざる者」とに差はありましたが、「持てる者」を目指すことにはなんの障害もなく、そこに人間の「優劣」が生じたのです。「価値」が「意味」を蹴散らして、人生の隅々、生活の隅々にまで浸透するようになりました。

「意味」は「価値」の軍門に下ったのです。同情（意味）するなら金（価値）をくれ。それがわたしたちが生きている現代です。「家族」「幸福」といった私的な「意味」は公認されていますが、「家族」や「幸福」のなかにも「価値の優劣」がつけられてしまいました。わたしたちはその「序列」に振り回されています。もちろんいまでも「神」由来の「意味」は、健在とはいえないまでも、存続しています。しかし「お金」（「富」）由来の「価値」勢力に軽くあしらわれ、下に見られているのです。「意味」の力は二、三分くらいにまで落ちてしまいました。

かつて人間は、好きという感情を「愛」と名づけました。「お金」（「富」）は人間に仕《つか》えました。いまでは最初から「愛」という言葉から入って人間を測り、「意味」などそっちのけで、いきなり「お金」（「富」）に飛びつくような人間が増えています。自分に必要かどうかはどうでもよく、世間でもて囃されている「世間的価値」を手に入れることが、「自分の価値」を高めることになる、と思うようになりました。そのなかから、ついに突出した「自分様」が出現してきます。いまや「持てる者」も「持たざる者」も「自分の価値」をアピールすることが最大の「欲望」となったのです。

もうだれも「お金（「富」）の価値」を無視することはできません。「多数の力」も無視することはできません。そんな世に、ひとり、匿名の人がいます。無名の、ただ地道に仕事をするだけの、どこにでもいるふつうの人です。その人はこう考えました。いまの世の中に居心地の悪さを感じているのなら、虐げられた「意味」を自分の「価値」として取り戻すほかはない、と。もしピッタリとした「意味」が見つからないなら、その都度、自分で名づけ、自分なりの「意味」をつくるしかない。

その人は、人との交際を大切に思いながらも、「ひとり」であることをよしとする人間でした。その人はこう考えました。人生に、普遍的な「生きる意味」などない。「生きる目的」もない。それなら、一人ひとりが自分の人生に自分なりの「意味」を与え、人生の「目的」をつくるほかはない。そして、「これでいい」と決めることができるなら、その「意味」は自分だけの「価値」になる、と。そういう人はまだ現在にも多数存在します。「お金」（富）よりも「責任」や「格律」や「使命」の人です。

その「ひとり」の人の耳に「言うは易く行うは難し」という声が聞こえてきます。この声はいつでもどこでも、たいてい出てくる。ただ人を腐し、自分で自分を腐すだけで、なにも生むことのない生意気な声です。だけど、どんなに困難であろうと、現実に「ひとり」であるのなら、それでいくしかありません。その人は自分の「ひとり」のために、ヒロイズムでもプライドでも意地でもやせ我慢でも、なんでも動員しました。世の中は甘くないからです。

ただ、その「ひとり」の人がその後どのように生きたのか、だれも知りません。

あとがき――もっと軽く、もっと恬淡に

とりあえず「童話」としたが、童話をばかにしているわけではない。ただの「大雑把な話」とか「戯作」としたほうがよかったかもしれない。地域も時代も出来事もめちゃくちゃだからである。「日本」も「仏教」も入れていない。ごちゃごちゃするからである。ただ頭のなかに浮かんだ幼稚で雑駁な「お話」にすぎない。「匿名の人」は、もちろんわたし自身の半身でもあるが、ほんとうに「匿名」の、無数の「ひとり」の人のつもりである。

こんなわけのわかったような、わからんような、面倒くさいお話はどうでもよい。もっと軽く、ひとりけっこう、さびしいけっこうと、笑い飛ばして生きていけないも

のか。できないはずがない

より苦しい人々と比べてはいけない。ともするとわたしは、特攻隊を見よ、爆撃下で生きている人々を見よ、難民を見よ、と思いたくなるのだが、そんな極端な場面を引き合いに出しても、なんにもならない。いまここに現実に生きているのは、それぞれ固有の事情を抱えたそれぞれの人だからである。それでももっと軽く、もっと恬淡に、とわたしは考える。

本書は一応「辞典」と銘打ってはいるが、当然、辞典の役目は果たしていない。だいたい「平穏」の定義に「①平穏な生活、平穏な人生をよしとすること」と、定義されるべき言葉が説明の言葉に入っていることなど、バカにもほどがあるのである。ほとんどの方には、そんなことは最初からわかっているよ、といういわずもがなのことであろうが、なっちゃおらんじゃないか、とお怒りになる方がいないともかぎらない。軽い読み物としてお読みいただけると、ありがたい。

つくづく思うのだが、生きてゆくことはなかなか思い通りにいかないものである。

だからおもしろいんじゃないか、という人がいるが、とくにおもしろくはない。ほんとうは「意味」も「価値」もどうでもいいのだ。なのに、口さがない世間に対抗するために（世間を説得することはできない）、そして自分自身を納得させるために、つい理屈めいたことを考えてしまうのである。こんな理屈がまったくの無意味だとは思わないけれど。

語弊のあることを書いて（以下のことができない人もいる）、終わりにしたい。ご飯を作ってくれる人がいる。自分で噛んでご飯が食べられる。自分で料理もできる。自分の足で歩くことができる。風呂に入れる。自転車にも乗れる。体の調子は悪くない。本を読むことができる。映画を観ることもできる。音楽を聴くこともできる。とりあえず仕事がある。好きな洋服を選んで買うことができる。旅に行くことができる。予定を立てるのが愉しい。なんといいことか。

まだまだある。自分が愉しいと思えるものなら、なんでもいいのである。いくつでも数えあげればいい（不足リストは作らないこと）。たまに友だちとおしゃべりをするのが愉しい。まだ親が健在である。兄弟姉妹と話すのが愉しい。熟睡ができる。風邪が抜けるとうれしい。おもしろいことを笑える。チキンカツがうまい。自分が座った椅子をきちんと戻す人がいた。青空を見るとスカッとする。風が気持ちいい。菜の花畑がきれいだ。夕日が美しい。

寺に行くと心が落ち着く。御朱印が増えていくのが愉しみ。雨の日の喫茶店が好きだ。そうだ、また奈良へ行こう。手作りで鉄道模型を作る。テニスが楽しい。絵を描くことが愉しい。山本周五郎の全作品を読破したい。『聖の青春』のＤＶＤが出る。井上雄彦の『バガボンド』の続刊はもう出ないのか。Ｒ・Ｄ・ウィングフィールドの『殺しのフロスト』はいつ出るのか。往年のアル・パチーノはよかった。錦織圭選手の試合がワクワクドキドキイライラする。毎週「ブラタモリ」が待ち遠しい……。

勢古浩爾

二〇一七年（平成二十九年）四月

勢古浩爾（せこ・こうじ）
1947年、大分県生まれ。明治大学政治経済学部卒業。洋書輸入会社に入社、34年間勤続し、2006年に退職。以後、執筆活動に専念。著書に『まれに見るバカ』（洋泉社・新書y）、『不孝者の父母考』（三五館）、『自分をつくるための読書術』（筑摩書房）、『定年後のリアル』シリーズ（草思社文庫）、『ウソつきの国』（ミシマ社）など多数。

ひとりぼっちの辞典

2017年5月26日発行　［初版第1刷発行］

著者　勢古浩爾

発行者　藤木健太郎
発行所　清流出版株式会社
東京都千代田区神田神保町3-7-1　〒101-0051
電話　03-3288-5405
（編集担当　古満　温）
印刷・製本　大日本印刷株式会社
乱丁・落丁本はお取り替えいたします。
ISBN 978-4-86029-462-5
http://www.seiryupub.co.jp/